理財醫生 陳大仁——著

# 4帳戶教你逆襲致富

從負債到資產千萬的系統理財法

# 目錄

| | |
|---|---|
| 自　序｜這本書，將幫你翻轉財務人生　陳大仁 | 07 |
| 推薦序｜讓人生完全改變的行動藍圖　許景泰 | 13 |
| 推薦序｜財富自由並非天生幸運　王孝梅 | 16 |
| 推薦序｜靠陪伴留住信任的教育者　林濤 | 18 |
| 推薦序｜理財醫生教你把錢管好　高永祺 | 21 |
| 推薦序｜擁有讓錢為你工作的能力　謝瑞珊 | 24 |

## Chapter 01

## 為什麼愈努力，財富離你愈遠？99%的人都搞錯了！　27

| | |
|---|---|
| 1-1　愛拚就會贏？努力真的會變有錢？ | 28 |
| 1-2　財務自由四大支柱，找回你的企圖心 | 33 |
| 1-3　財務自由四大階段 | 41 |
| 1-4　你是「正身價」，還是「負身價」？ | 49 |

## Chapter 02

## 財富自由關鍵密技：「4帳戶理財法」　57

| | |
|---|---|
| 2-1　這輩子，得賺多少錢才夠？ | 58 |

| | | |
|---|---|---|
| 2-2 | 辛苦存的錢，真的能留得住？ | 70 |
| 2-3 | 如何用「4帳戶理財法」實現財富自由？ | 75 |

Chapter 03

# 「4帳戶理財法」第一式：穩住保命帳戶　　83

| | | |
|---|---|---|
| 3-1 | 別拿保命錢投資 | 84 |
| 3-2 | 保命錢，這樣存 | 86 |
| 3-3 | 記帳不用一輩子，3個月就夠了！ | 90 |
| 3-4 | 存不到保命錢，該怎辦？ | 93 |

Chapter 04

# 「4帳戶理財法」第二式：投資學習帳戶　　97

| | | |
|---|---|---|
| 4-1 | 成為有錢人的關鍵秘密 | 98 |
| 4-2 | 想有被動收入？先專注賺第一桶金 | 106 |
| 4-3 | 先買房，還是先租房？ | 117 |
| 4-4 | 財務自由5步驟 | 131 |

## Chapter 05

## 「4帳戶理財法」第三式：建立保值帳戶　　151

| 5-1 | 為什麼迫切需要保值帳戶？ | 152 |
| --- | --- | --- |
| 5-2 | 打造保值金雞母，穩賺現金流 | 154 |
| 5-3 | 實戰！建立保值帳戶 | 160 |
| 5-4 | 保值帳戶高效管理密技 | 172 |

## Chapter 06

## 「4帳戶理財法」第四式：掌握高投報帳戶　　179

| 6-1 | 揭秘投資高手低風險高報酬策略 | 180 |
| --- | --- | --- |
| 6-2 | 5步驟變投資高手 | 185 |
| 6-3 | 如何低風險翻倍資產？ | 198 |
| 6-4 | 投資不賠錢？避開八大致命錯誤 | 213 |

## Chapter 07

## 小白變高手！揭露投資工具背後秘辛　　225

| 7-1 | 存股，還是「存骨」？ | 226 |
| --- | --- | --- |

| | | |
|---|---|---|
| 7-1 | 0050與0056哪個好？ | 234 |
| 7-3 | 「包租代管」好賺？不能說的秘辛報你知 | 239 |
| 7-4 | 比特幣真能賺大錢？ | 248 |

Chapter 08

# 如何防詐騙　　　　　　　　　　　　261

| | | |
|---|---|---|
| 8-1 | 看懂套路，建立防騙免疫力 | 262 |
| 8-2 | 破解盲點遠離詐騙 | 268 |
| 8-3 | 防騙3步驟，打造投資防護網 | 272 |

Chapter 09

# 築夢踏實，踏上財務自由之路　　　　277

| | | |
|---|---|---|
| 9-1 | 該學都學了，為何仍無法財務自由？ | 278 |
| 9-2 | 讓行動成為本能，提早財務自由 | 281 |
| 9-3 | 回到初心，過真正想要的人生 | 285 |

## 自序｜
# 這本書，將幫你翻轉財務人生

我並不是天生就懂投資、懂「財商」，也不是含著金湯匙出生。事實上，我和你一樣也曾對財務未來感到迷茫，也曾為了每個月的生活費而焦慮不安。我來自新北市山區，住在一處鄰近都是鐵工廠的三合院建築。

家裡雖談不上富裕，也算是小康，所以金錢對我來說從不是件需要操心的問題，而我的目標也很單純，就是考上好學校，將來進入好公司，做一份穩定又有前景的工作。然而，人生的劇本在2008年被徹底改寫，一場突如其來的金融海嘯，家中財務瞬間瓦解⋯⋯

那一年，我正在清華大學攻讀電機研究所，父親因周轉不靈經商失敗，背上1,200萬元債務，更糟的是他的身體狀況不佳，已無力工作還款，於是一夕間家中從天堂墜落地獄，討債公司頻頻上門催討，往家門口砸雞蛋、噴漆、丟磚塊，一家生計彷彿被絕望吞噬。

母親是位堅強的女性，身兼3份工作、每天工作16個小時，一肩扛起所有債務。至今我仍清晰記得，她向債主低聲懇求給予多些時間去籌錢還債的場景。她不曾向誰訴苦，只是和菩薩低聲祈願，盼上蒼給我們一條生路；無數個深夜，房裡傳來母親刻意壓抑、不願讓我和弟弟聽到的啜泣聲，因為不想讓我們知道，這個家已經搖搖欲墜。

當時已滿24歲、身為長子的我，知道自己不能再做個旁觀者，即使沒經驗、沒人脈，也要試圖改變家中命運，賺錢還債。可是，光有信念不夠，對於投資、創業、財務管理完全一無所知，始終沒有方向。於是除了瘋狂打工，我開始去聽投資講座、研究創業商業模式。

但我很快地發現，單靠體力和時間換錢無法解決問題。我需要一個方法，一個可以放大時間價值，讓錢為我工作的策略。於是，我接觸了「財商」，也讓我開始思考：為什麼有些人能翻轉財務命運，有些人卻一輩子被金錢束縛？我踏上學習「財商」的旅程，開始研究房地產、股票、加密貨幣，並從每個時代的大趨勢中尋找機會。

現在回想起來，當年的家庭危機，讓我提前認知金錢的重要性。如果不是這場挑戰，我現在可能只是一個普通上班族，領著一份死薪水，一輩子為錢工作。雖然這次危機讓我在年輕時承受了難以想像的壓力，但也成為人生中最重要的轉折點：逼著我學習、思考、突破自己的財務極限。

## 法拍屋大叔給我的啟發：學校老師沒教的賺錢秘密

1,200萬元的負債，當時幾乎壓垮我們全家，甚至連住的房子差點都要被法拍，雖然透過債務協商還款壓力稍微減輕，但我知道這非長久之計，所以瘋狂尋找賺錢機會，參加各種社團，結識許多不同領域的專家與貴人。其中，改變我一生的關鍵人物，就是法拍屋大叔。

他是法拍屋代標公司的老闆，他告訴我：「我們團隊在台中逢甲夜市平均一天買下一間房，已經快買下整條街了。」 一開始我完全不

相信，甚至覺得這是騙人的，等他帶我了解他們的商業模式，拿出厚厚一疊的房屋權狀一張一張數給我看，我的世界觀終於徹底被震撼。而那一刻我也才明白：賺大錢的人，並不是因為他們更努力，而是因為他們看見了別人看不見的機會。

大叔還跟我分享他們團隊的房地產投資模式：
- ✓ 透過法拍屋，取得低於市價的房子。
- ✓ 結合代標、裝潢、仲介提升房價，再用低於市價賣掉快速變現。
- ✓ 形塑成資產翻倍投資模式，快速滾動資產。

這種創新商業模式，讓我深刻體悟到不是沒有賺錢機會，而是你不知道、沒學過、沒看過，所以無法抓住。

我也從法拍大叔的身上，學到了3個信念：
- ✓ 想賺到超出你認知範圍的錢，就要學習、探索，才能看到機會。
- ✓ 財富來自於資訊的不對稱，當能理解市場的遊戲規則，才能找到「被低估價值的寶藏」，才能真正開始累積資產。
- ✓ 學校從來不會教你「如何賺錢」，若想打破收入的天花板，就得主動學習「財商」。

但問題來了：沒有錢的我，又該怎麼開始？於是，我開始參加「財商」課程，學會如何評估投資風險、如何看懂市場趨勢，最重要的是學習如何「搬錢」：讓銀行的資金幫助我購入資產，而不是苦等存款夠了再行動。我也開始意識到：有錢人不是靠存錢變有錢，而是懂得運用資金槓桿讓錢為自己工作。

某天，我終於找到一個突破口：「如果能買到低於市價的房子，有些銀行是願意放貸的，因為他們看的是房子的價值，不只單看你的

存款數字。」於是，我開始以低於市價買進房屋，裝潢後再用低於市價轉售等方式創造價值。3年內，我不但幫家裡還清所有債務，還透過資產增值與投資攻略，在30歲時存到人生的第一個8位數存款。

這段生命經歷，徹底改變了我的財務觀念：「原來財務自由不是靠運氣，而是靠努力學習，掌握正確的財務策略並大量行動。」

過去，我以為賺錢就等於「努力工作＋省錢＋存錢」，但後來我才發現這是錯誤順序。真正的財務自由，是先讓錢為你工作，而不是一輩子只靠勞力為錢工作。金錢從來不是我們的敵人，而是我們的工具，懂得駕馭它，你才能真正掌控自己的人生。

## 從貧窮人生到翻轉人生，我學到了什麼？

這段經歷，讓我體悟到累積財富的本質不是靠運氣，也不是靠勞力，而是學會讓錢流向自己。過去的我，只懂得用勞力，用時間換取金錢，我為錢工作。但當我開始學習後，才發現真正的財富來自於看懂趨勢、評估資產價值、計算風險後，善用銀行資金槓桿放大資產。

然而，累積財富不是「學會一種工具」，而是「持續掌握時代的大機會」，尤其每個時代，都有屬於它的財富密碼。

- ✓ 十多年前，房地產是主要資產累積方式，但現在政府打房政策不斷出爐，投資房地產的配置和風險評估更需謹慎思考。
- ✓ 爾後，股市與高股息ETF、債券ETF成為能提供穩定現金流的重要工具。
- ✓ 近來，加密貨幣、區塊鏈技術帶來新一波財富機會，但需要正

確的策略與風險控管。

市場不斷變動，若還用傳統的方法投資，可能會錯過新的財富機會，甚至讓資產貶值而不自知。這也是為什麼「財商」的核心不是學習「一個固定的賺錢工具」，而是培養「適應市場變遷的能力」。

意識到這點後，我開始思考：
- ✓ 為什麼這些改變財務的方法學校從來沒教過？
- ✓ 為什麼我們從小被教育「好好存錢」，卻沒人教「怎麼讓錢幫我們賺錢」？
- ✓ 為什麼有些人總能抓住趨勢，但多數人只能看著別人變有錢？

這些疑問，促使我開始花時間系統化地整理「財商」知識，並將這些概念與可執行方法，帶入教學與課程中。

## 這本書可以帶給你什麼？

這本書能帶給你的，不只是投資賺錢的方法，而是一整套完整的財務架構，幫助你從零開始建立穩固的金錢系統，實現財務自由。無論你現在的財務狀況如何，這本書都能讓你擁有清晰的方向，不再迷失在理財迷霧中。

許多人對於財務自由的理解還停留在表面，以為只要找到一個好的投資標的，或累積足夠的存款，就能輕鬆過上無憂無慮的生活。但事實上，真正的財務自由並不是單靠一筆大錢就能達成，而是建立一

套可持續運作的財務系統，讓金錢自動增長，減少對死薪水的依賴，並確保即使面對市場變動、經濟衰退或個人職涯轉變，都能穩健前行。

透過本書，你將學到：

✓ 賺錢方法：如何打造多元收入，不再依賴單一薪水。
✓ 存錢策略：如何確保錢不被花掉，並穩定成長。
✓ 增值策略：讓錢在市場中持續增加。
✓ 翻倍資產：如何放大本金，加速財務自由。

這本書不是教你如何一夜致富的投機指南，而是一本幫你建立穩定財務系統，確保能持續累積財富、降低風險、加速達成財務自由的「財商」秘笈。

如果你已經厭倦了存不到錢、投資總是賠錢、薪水無法應付生活開銷，那麼這本書必定為你帶來命運的轉折點。因為它不僅是一本理財書，更是一本能改變你財務思維與生涯未來的行動指南。

準備好了嗎？讓我們開始吧！

## 推薦序｜
# 讓人生完全改變的行動藍圖

這是一本把「**財務自由**」從遙不可及的口號，拆解成可執行的實戰指南。我一直相信，真正能長久影響別人的，不只是知識，而是系統；不只是靈感，而是可以複製的行動方法。

第一次聽到「大仁哥」這個名字，不是從他本人，而是在一場聚會中，主持人和幾位朋友接連提及：「你知道理財醫生嗎？」「他的4帳戶教學真的很實用！」於是我開始好奇：「這個人到底是誰？為什麼會被這麼多人多次提起？」

還沒來得及主動了解，聚會中場休息時，一位充滿能量的人便主動走向我，自我介紹：「你好，我是陳大仁。最近我在研究如何讓財商教育更系統化，有些想法想請教你⋯⋯」 那一刻，我就知道，他不只是一個講師，而是立志打造一套長遠、可複製系統的教育家。

他的語氣平和，眼神卻非常堅定；他不是來展示成就的，而是想把教育這件事「做好、做對」。我們聊起他對學習成效的關注，他說：「景泰哥，我不希望學員只想上完課就好，而是真的可以幫助他們完全改變。」接著他問我：「教育能不能像遊戲設計一樣，有升級路線圖？能不能變成一套可追蹤、有結果的成長系統？」

他敏銳地觀察到，大多數人不是不願學投資，而是沒有「學習階

梯」與「前後邏輯」。尤其缺乏引導、缺少陪跑，才是知行落差的關鍵。他想做的不只是教課，而是打造一個完整的學習生態圈：進入後有地圖指引、走完每階段有里程碑的設定、走歪了有回正系統適時調整、走完後就可以升級。這種思維，讓我不由得豎起大拇指。

作為大大學院和商戰CXO的創辦人，我特別能理解教育者的心情。真正的教育，不是販賣知識，而是承載使命。它關乎一個人能否翻轉自己的人生，也關乎這個社會是否能產出更多有能力、願意前進的人。

大仁選擇投入「財商」教育，不只是因為他有翻轉人生的故事，更是因為他希望這份轉變可以被系統化、複製化、可傳承。而他，也的確把這份使命感落實在所設計的每一堂課、每一份教材、每一次對學員的回應中。

市面上的確有很多人在教理財，但少有人像他一樣，能把知識變成流程、把流程變成模型，再把模型變成「真的走得完的路」。

這不是一本說教的書，而是一個讓你完全改變的地圖。它會告訴你：第一步要做什麼、接下來會遇到什麼障礙、該怎麼拆解，最後怎麼驗證你真的走出來了。

你會看到一位擁有清華大學電機系背景的教育創業者，如何把工程邏輯應用在財務規畫中，把「財務自由」這4個字，拆解為可執行、可追蹤的任務與策略。

他不是教你賺快錢，而是教你如何穩中求勝。

他不是給你一套知識，而是給你一套可以落地執行的系統。

他不是喊口號，而是為你設計能走完全程的行動方案。

我認為，這本書最大的價值，不在於「學到了什麼」，而是終於

能對自己說出：「我做到了！」更關鍵的是 —— 他自己，真的走過這條路。

大仁在24歲時，因家中經商失敗背負1,200萬元債務。他沒有逃避，而是選擇正面迎戰，3年內協助家人還清債務，30歲便累積千萬資產，35歲前就已實現完全財務自由。我想這些並不是幸運，而是來自一套可複製的財務系統養成，以及長時間執行的成果。

我相信，未來5年，「財商」教育將成為全民必修課。而像大仁這樣能把複雜變簡單，把教學做扎實，又持續保有教育者初心的人，會在這條道路上發揮愈來愈大的影響力。

這本書，是他對社會最溫柔、也最務實的回應。

這不只是一本講理財的書，更是一套讓人真正走上財務主導權、重建人生節奏的行動藍圖。

如果你對未來仍舊感到焦慮、對金錢沒有掌控感、對財務自由仍懷疑自己做不做得到，這本書就是寫給你的。請不要只讀完它，更要跟著它，一步一步達成屬於你的人生逆襲。

許景泰 Jerry

商戰CXO執行長／大大學院創辦人

## 推薦序

# 財富自由並非天生幸運

近10年來，我專注在B2B（Business-to-Business）商業媒合領域時發現，創業者需要的不只是更多業務機會、更好的產品研發能力，同時，財務觀念與策略也是許多創業者試圖掌控的能力。

我認識大仁哥，是在多年前的一場商務會議上。那時候的他還不像今天這麼受到媒體矚目，但他身上擁有兩個特質讓我印象深刻：一是有強烈的學習力與行動力，持續向優秀的人學習，學習後並且實踐、實踐後還會持續優化；二是說話時眼神裡有一股熱情和親切感，可以想見大仁哥對事業與對學生們的用心。

這本書並非教導複雜的金融理論，也不要求讀者成為財務專家，他用簡單易懂的「4帳戶理財法」，輕鬆且直覺地引導讀者能管理每一筆收入與支出。更重要的是，他期待教導讀者如何透過這套方法，為自己的人生規畫出一條清晰、有底氣的道路。

大仁哥自身的人生故事，亦證明了這套方法的實踐價值。他年輕時背負巨大的家庭債務壓力，卻靠著自己研究與實踐出來的這套財務

系統扭轉命運，不僅在30歲前就累積千萬資產，更在35歲前達成人生重要的財務自由目標。

　　大仁哥以自身經歷告訴大家：財務自由不是天生的幸運，而是能透過系統化的學習與設計，取得的成果。

　　期待你一起享受這本書所提供的價值！

王孝梅 Qmei

亞洲創媒會共同創辦人

## 推薦序
# 靠陪伴留住信任的教育者

我在教育與培訓產業深耕超過30年，接觸過來自各行各業的講師與教學者。從學說理論、健康管理、兒童教育到溝通表達，不管授課內容如何不同，總有一個問題如影隨形：**教得好，不代表學得會；講得多，不代表做得到。**

這幾年，「知識變現」成了顯學，「講師」這個詞被高度放大、被熱烈討論，甚至被過度神格化。作為一位長年在企業與教育實作的人，我想說一句實話：**真正有價值的教學，不是炫目誇大，而是能走進人心、真正落地。**

我長期從事企業內訓與講師培訓，服務對象多為主管階層與專業教練。而在教學領域之外，我注意到另一位在不同領域深耕教育的講師——陳大仁。

我們教授的內容不同，我訓練的是企業經營者解決經營問題、管理者養成組織管理能力，以及各行業各職務員工的職能優化，而他教授的是成人理財、資產配置與財務規畫。看似兩條平行線，卻在「教育者的責任感」這個點上，有了交集。

第一次見到大仁，是他走進我開設的講師訓練課。他並不是新手講師，而是已經在「財商」教育圈擁有不錯聲量、穩定開課且有上千

學員的實戰者。他來找我，並不是為了「怎麼講才更吸引人」，而是想知道**如何升級和系統化教學，讓學員更能內化與實踐。**

他的問題不鋪陳、不浮誇，但每次課後提問都切中要點。他問的不是「要不要加投影片動畫」，而是：「怎麼設計學習節奏，讓學生收穫最大化？」

這類問題，來自一個不斷觀察學員、陪伴轉化的講師。那時我就知道，他關心的，不是自己的掌聲，而是學員的成果。他希望學員不只是理解觀念，而是能透過課程養成財務習慣與行動力。我很清楚，這種教學者的心態，比單純傳授知識要困難得多，也更難得。

你現在手上的這本書，就是他多年在理財教育現場反覆實踐、萃取而出的心法與架構。它不會告訴你該買哪檔股票，也不會畫大餅。相反地，它會教你**如何建立一套能長期執行的個人財務系統。**

書中提出的「4帳戶理財法」乍看簡單，實則結構嚴謹。他不是把理財變成冷冰冰的公式，而是把財務行為設計成一套貼近生活，還能養成的系統。這套系統的核心不在於工具，在於順序感與策略感；**不是告訴你如何一夜致富，而是帶你釐清「該先做什麼、為什麼、怎麼做」，進而築夢踏實。**

在我看來，這才是真正稱得上「教育產品」的作品——可理解、可執行、可調整。

我會推薦這本書，不只是因為內容實在，更因為它背後展現出一位教學者的成熟、清醒與責任感。

我認為，大仁在這幾年做對了3件事：

**他用實戰經驗，做出系統化的教學設計，讓信任取代焦慮。**

**他不靠一堂課激勵人心，而是用完整流程陪伴養成理財肌理。**

**他不只設計課程，更設計學習節奏與財務行為的成長階梯。**

這些，不是每位講師都能做到的，也不是每位講師願意去深耕的。

所以如果你是以下這3種人，我特別建議你讀這本書：

**對金錢感到焦慮，卻總找不到突破的方法。**

**收入不差，卻常常月底捉襟見肘、不知道錢去哪裡。**

**曾學過理財，但總是三分鐘熱度，沒辦法持續落實。**

這本書提供的不只是解釋，而是一套能夠陪你穩穩起步的行動架構。

作為一位教育培訓產業的前輩，我很欣賞大仁這樣的講師。他沒有選擇最快速的「包裝路」，而是選擇最踏實的「實踐路」。他不是靠聲量進入市場，而是靠陪伴留下信任。

這樣的人，在這樣的時代，值得被看見。這樣的書，也值得被認真讀完。

林濤

濤濤國際企業管理顧問公司創辦人

## 推薦序｜
# 「理財醫生」教你把錢管好

多年前，大仁哥第一次找我合作時，他早已是「財商」教育圈裡頗有名氣的「理財醫生」。但他並不是來談如何增加曝光，更不是想請我幫他變得更有名。

他說：「我知道我想為這個世界做點什麼，但我不知道怎麼讓世界看見我。」這句話我至今仍記得。那不是「想紅」的焦慮，而是「想幫人」的誠意。

市面上談理財的人很多，但真正願意陪伴、願意聽你說話、和你一起走一段路的人並不多。而大仁哥他不只擅長分析市場，更擅長傾聽人心。他總是用一套簡單實用的系統，幫助學員重新整理財務、站穩腳步，甚至翻轉人生。

我們從品牌定位聊到敘事語言，一步步梳理他「理財醫生」這個角色。他不是只會談數字的講師，也不是追逐熱點的投資網紅，反而更像是一位坐在身旁、聽你傾訴煩惱，再陪你一起找方法的朋友。

我記得有一次開會，他拿出一本厚厚的教案，裡頭滿滿都是財務邏輯與手寫筆記。他有點不好意思地笑著說：「這些都是我陪學生一起做出來的，怕忘記，就都寫下來了。」

那一刻，我就知道：這個人，值得信任。

而這本書，就是他多年實踐與陪伴的結晶。不是寫給投資高手，而是寫給那些在人生某段時期，被財務壓得喘不過氣、卻又不願放棄的人。

書中提到的「4帳戶理財法」，不是炫技，而是經過無數學員實作與修正後留下來的生活系統。

很多人以為理財就是投資，他卻會先問你：「你的保命錢準備好了嗎？」

有人想追求被動收入，他會提醒：「那你有先搞懂，利潤從哪裡來嗎？」

有人急著累積本金，他會反問：「你有風險控管的策略嗎？」

這些看似簡單的提問，其實直指核心。他深知，多數人卡住的不是投資技術，而是欠缺清晰的財務觀念與穩健的系統。

如果沒有策略、沒有紀律，即使賺到錢，往往也留不住。

所以，他不教你如何賺快錢，而是幫你建立對金錢的安全感。

這些年，我陪他走過品牌定位的混沌，也看著他第一批學員從懷疑、嘗試到真正做出成果。那些改變不是偶然，而是來自他一次次蹲下來，花時間讓專業更白話、讓方法更接地氣，讓大家真的可以實踐。

如果你也常覺得「應該開始學投資理財」，卻總是不知從哪裡開始；或者你也試過很多方法，卻始終無法建立穩定的財務習慣——那麼，這本書，你一定要讀。

這不是一本談績效的書，而是一本幫你重新相信「我也能把錢管

好」的書。

你會發現，投資理財其實沒那麼難，難的是──**找到一位你願意信任的教練。**

而我可以很肯定地告訴你：「大仁哥，就是這樣的教練。」

他的腳踏實地、他的專業與耐心，我都親眼見證。他不是高高在上的導師，而是那位願意陪你過生活的「理財醫生」。

這個角色，不是用行銷包裝出來的，而是透過一個個真實的陪伴，累積出來的。

高永祺

檸檬知識創新創辦人／品牌策略顧問

推薦序

# 擁有讓錢為你工作的能力

　　**財務自由，從來不只是錢的問題，而是選擇權的問題。**選擇你想過的生活、不委屈、不依賴、不將就。

　　這些年，我在推動「女力學院」的過程中，接觸了數千位來自不同背景的女性。她們有的是職場女強人，有的是創業媽媽，也有的是為家庭默默付出的全職太太。身分不同，但共通點是：**她們都在為自己尋找一種更有安全感的未來。**

　　但現實是，很多人明明很努力、收入也不差，卻總有一種「錢抓不住」的感覺。焦慮、疲憊、對未來感到深不見底。不是她們不想學理財，而是從來沒有人教她們該怎麼開始。

　　直到讀到這本書，我知道，這就是她們要的答案。我和大仁哥是在一次商會上認識的。那是一場充滿商業氣息與展現自我的商務會議。會議休息時間他主動走向我，輕聲地說：「你好，我是陳大仁，最近在推廣如何讓『財商』教育變得更有系統，特別針對女性而言，想請教妳一些想法……」

　　他講話平和，眼神卻很堅定，沒有誇大理想，也沒有過度包裝，

只有一種踏實的力量與對教育的熱情。後來我才知道，他年紀輕輕就扛起家裡千萬債務的重擔，用3年幫家人清償所有欠款，30歲前已累積千萬資產，35歲前便實現財務自由。

但比起這些數字，更打動我的是他背後那套邏輯與行動的紀律。這本書，就是他將多年實戰經驗、陪伴上萬名學員成長的過程，以系統化整理而出的智慧結晶。書中提出的「4帳戶理財法」，不是艱澀的財經理論，而是讓一般人、尤其是理財新手可以一開始就做對方向，建立屬於自己的金錢秩序感。

我特別想把這本書，推薦給3種女性：如果妳是一位全職媽媽，長年為家庭奉獻心力，但對金錢與未來感到不安，這本書將幫助妳建立財務底氣，重新找回自信與選擇權；如果妳是剛進職場的新鮮人，對理財感到迷惘，這本書會給妳一條清晰可執行的起步路線，並從一開始就走對方向；如果妳是個辛苦努力的上班族，想為自己打造「下班後的第二收入」，這本書則會教妳如何正確配置資源，強化未來的安全感。

我最喜歡書中那句話：「真正的富有，不是你賺了多少錢，而是你是否擁有讓錢為你工作的能力。」

對我而言，這句話的延伸是：「真正的女力，不是妳撐得多辛苦，而是妳是否擁有選擇生活方式的自由。」

然而這樣的自由，不靠男人、不靠運氣，而是靠自己打造出一套屬於自己的財務系統，這些，正是這本書想教妳的核心。

我看過太多女性，為了家庭把自己放到最後，為了穩定放棄夢想，

為了安全感錯過成長。這不是她們不夠好，而是她們缺乏一套能陪她們一起成長的財務系統。

　　現在，這套系統來了，就是在你手上的這本書。它簡單、實用、可複製，不用背景、不必靠天分，只要願意開始，就能走出屬於你的財務自由之路。

　　誠摯推薦這本書，給每一位想活得更清楚、更自信、更自由的女性。**因為妳值得，擁有屬於自己的財務主導權。**

謝瑞珊 Sherry
女力學院創辦人

Chapter 01

# 為什麼愈努力，
# 財富離你愈遠？
# 99%的人都搞錯了！

還記得剛開始工作時的目標嗎？
「我要努力存錢，買間房子」、「我要賺很多錢，讓家人過上好日子」、「我要財務自由，不想一輩子被薪水綁死」
然而工作幾年後卻發現：
✓ 房價漲得比存款快
✓ 薪水追不上高物價
✓ 戶頭數字不增反減
「努力真能變有錢嗎？」如果你有這樣的想法，請先別氣餒，因為我想告訴你：「你的夢想沒有錯，錯的只是你的財務策略！」

# 愛拚就會贏？
# 努力真的會變有錢？

　　從小到大，我們不斷被灌輸「努力就會成功」的觀念。父母、老師、長輩會說：「只要夠勤奮、夠認真，未來就一定會變得更好。」於是，我們努力讀書、努力工作、努力存錢，期望未來的某一天能出人頭地，過上理想生活。

　　但當踏入社會後，你不禁會開始懷疑：「努力，真能變有錢嗎？」

　　如果答案為是，那為什麼還是有那麼多人努力工作了一輩子，戶頭裡的總額仍舊沒有起色？如果努力就會成功，為什麼有錢人永遠只占少數，多數人還是每天為生活發愁？其實，努力並非沒有價值，而是努力的方向是否正確。

　　盲目的努力，只會讓自己停滯原地。如果你認為自己明明很努力了，卻始終無法擺脫財務焦慮，那麼你需要做的第一件事，就是停下腳步，回頭確認過去設定的目標究竟為何。

　　記得我在清華大學攻讀研究所時，指導教授對我說過一句話，至今仍讓我銘記在心：

"Don't work hard, work smart!"
「選擇做對的事情，而不是只想著把事情做對！」

# 為什麼愈努力，財富離你愈遠？99%的人都搞錯了！

當時我並不完全理解這句話的含義。因為在台灣，從小接受的教育是強調「如何努力把事情做對」，例如：如何在考試中拿到100分、如何獲得更高學歷、如何按照標準流程完成一件事。

過程中卻很少有人會問：「為什麼要努力考試拿100分？為什麼要得到這個學歷？」沒人知道這些努力最終能帶來什麼結果。

我們被訓練成專注於「執行過程」，卻鮮少思考努力的「最終目標」。於是，我們拚命學習、拚命工作，卻沒有真正停下來問自己：「這條路，真的是通往我想要的未來嗎？」

這句話絕非否定努力的價值，而是提醒我們：「努力本身並不是目的，而是一種手段。」真正的關鍵就在於：你是否確保自己的努力，朝著正確的方向前進。

這就好比在黑暗的森林裡趕路，如果只是低頭猛衝，雖然跑得很快，卻沒有方向感；反之，如果能先抬頭看看天上的星空，確認方位後再邁開步伐，或許走得慢一些，但能確保自己走在正確的道路上。

這同樣適用於我們的財務狀況。如果只是盲目地努力存錢、努力賺錢，卻從未停下來思考財務方向是否正確、每天投入的時間是否能更接近財務自由，如果答案是否定的，那麼你的努力很可能只是體力與時間的消耗，而非財富的累積。

真正能讓財富增長的，不是單純的勞動，而是有策略的資產累積與財務規畫。所以，目前的財務狀況，真的如你所願嗎？現在的財務策略，真能讓你過上理想生活嗎？相信這也是99%的人從未意識到的盲點：以為努力存錢就是最穩健的財務策略，卻從未檢視自己的財務是否真有增長。

現在，讓我們換個角度思考：

- ✓ 你有穩定的現金流嗎？還是只能依賴每個月的薪水維持生活的日常？
- ✓ 你的存款增長速度跟得上通膨與生活成本的攀升嗎？
- ✓ 如果你今天失業沒收入，你的財務狀況能支撐多久？

如果你的答案是「沒有」、「不確定」、「很難撐下去」，那就代表目前財務模式仍高度依賴以「勞力換取收入」，並非真正建立屬於自己的資產增值系統。當你的收入模式沒有突破，就會發現：「即使工作再努力，存款仍舊追不上支出。」

這時候，不妨思考一個關鍵問題：「只靠努力賺錢，真能讓我變有錢嗎？」舉個例子：

假設A先生的月薪是5萬元，每個月存下50%（2.5萬元），不吃不喝10年，能存多少錢？

2.5萬元×12個月×10年＝300萬元

但問題是這300萬元10年後，還能買到什麼？如果再將通貨膨漲（假設每年3%）考慮進去，那麼10年後這300萬元的購買力，可能只剩約223萬元。這就是許多人的財務困境：

- ✓ 薪水增長有限，生活成本卻不斷墊高。
- ✓ 存款難以抵抗通膨，儲蓄速度追不上物價飆漲。
- ✓ 努力的成果最終被時間的洪流與經濟的變動所吞噬。

這意味著我們該放棄努力嗎？當然不是！問題從來不是你有沒有

Chapter 01 為什麼愈努力，財富離你愈遠？ 99%的人都搞錯了！

努力，而是財務策略是否能讓資產持續穩健的增加。

你應該問問自己：

「我的努力是變得更富有，還是僅維持生存？」

「如何建立有效的財務策略，讓努力真正變現？」

請放心，這些問題我會在後續章節逐步拆解，釐清適合你的財務策略，讓你不用再為金錢焦慮。

然而，有個更重要的問題是：「你有真正想過，為何要努力改變財務現狀？」很多人對財務自由的理解還停留在數字層面，以為只要「存到1,000萬元」、「達到某個被動收入目標」，就能實現理想生活。但事實是這些數字只是結果，而非驅動你達到財務自由的「引擎」。

真正讓你達成財務自由的，絕對不是存款數字，而是你對夢想的渴望，以及願意為此行動的力量。如果沒有清楚地知道自己想要什麼生活，沒有足夠強烈的理由驅動自己，那麼再多的財務策略也只是空談而已。

> 財富自由，從來不是「賺多少錢」的問題。
> 更重要的是：「你為什麼要賺這筆錢？」

這就是99%的人沒有意識到的盲點。他們以為財務自由只是數字遊戲，但真正讓人願意行動、願意改變的，是對理想生活的渴望，是那種想翻轉現狀的決心。

所以，在我們深入探討財務策略之前，必須先釐清一個更根本的問題：

✓ 為什麼要賺更多錢？你為何而戰？

✓ 驅使你努力的動力為何？
✓ 你的夢想藍圖有畫面嗎？
✓ 你對財務自由的企圖心夠強烈嗎？

而這些，就是下一節我們要談的：實現夢想四大支柱，找到財務自由企圖心。

# 02 財務自由四大支柱，找回你的企圖心

你是否也曾有過這樣的經歷：知道靠死薪水難以財務自由，於是開始投資股票、基金、房地產或是加密貨幣，結果卻發現投資比想像中難很多？偶爾也會聽聽財經網紅所推薦的個股、看新聞或憑直覺投資，但卻反覆虧損，賠的比賺的多⋯⋯

最後你不禁懷疑自己：「是不是根本不適合投資？」「為什麼別人投資賺錢感覺很容易，而我總是踩到地雷？」甚至內心萌生了放棄投資的念頭，安慰自己：「財務自由只是天方夜譚，乖乖上班比較實際。」其實你並不孤單，這正是多數人想利用投資加速實現財務自由初期的必經之路。

財務自由的關鍵，從來都不只是「有沒有行動」，更在於是否擁有三大要素：清晰的目標、強烈的內在動機及有效的攻略。就像旅行時要有地圖和明確目的地，即使中途遇到阻礙，才能憑藉這些要素適當調整心態、重新規畫路線回歸正軌。唯有這樣，你才能有效應對投資市場的上下波動與情緒起伏，踏實穩健地邁向理想人生。

接下來，我將分享一套「財務自由四大支柱」系統（見表1-1），幫助大家提早達標，實現想望：

- ✓ 第一支柱：長期夢想（清晰描繪渴望的理想生活）。
- ✓ 第二支柱：短期目標（將夢想拆成目標）。

✓ 第三支柱：意願度（挖掘持續行動的內在動能）。
✓ 第四支柱：策略與工具（打造專屬且有效的財務攻略）。

讓我們從第一支柱開始，明確描繪內心真正想要的生活願景，讓財務自由之路不再僅是空中樓閣，而是具體可行的藍圖。

**表1-1 邁向財務自由的四大支柱**

| 財務自由四大支柱 | 主要功能 |
| --- | --- |
| 長期夢想 | 建立清晰的財務自由願景，明確方向與渴望 |
| 短期目標 | 量化夢想，設定具體、可執行且有時限的目標 |
| 意願度 | 確保動機一致，保持行動力與專注度 |
| 策略和工具 | 學習資產配置、投資策略、財務工具，並尋求財務教練支持 |

## 第一支柱：長期夢想（清晰描繪渴望的理想生活）

財務自由不是數字遊戲，而是你真正想要的生活樣貌。如果只專注於數字的追求，例如「賺1,000萬元」或「每個月有10萬元被動收入」，一旦遇到困難挫敗，很容易因失去動力而放棄。真正能驅使你

為什麼愈努力，財富離你愈遠？99%的人都搞錯了！

持續前進的，必須是內心渴望的理想生活畫面。

現在，請閉上眼認真思考：「如果今天已經實現財務自由，你理想中的生活會是什麼樣貌？」畫面要愈具體愈好。

例如：

- ✓ 最想住在哪裡：是每天醒來就能看到海景的豪宅？寧靜舒適的郊區別墅？還是繁華都市裡的高樓大廈？
- ✓ 每天期待的生活節奏：早晨醒來後是優閒的喝咖啡閱讀，還是想健身鍛鍊？擁有一整天的時間，會想陪伴家人、與好友話家常、自在旅行，抑或是想專注於自己熱愛的興趣，例如攝影或繪畫？
- ✓ 想要給家人什麼樣的生活：讓小孩就讀國際學校、接受世界級教育，在自由探索中成長？提供父母享受高品質的醫療照顧，安心舒適地度過退休生活？
- ✓ 希望追求何種生活品質：低成本維持基礎溫飽，還是想隨心所欲，不必擔心錢夠不夠用？

之所以要大家如此清晰地思考這些細節，是因為若無法清楚描繪自己理想中的生活樣貌，便很難產生動力去實現它。

所以，現在請閉上眼做個練習：

用 1 分鐘仔細想像內心渴望的生活，並試著感受這些畫面帶給你的感動，因為這些，將是支撐你勇往直前、克服困難、努力不懈調整財務策略的動能。

## 第二支柱：短期目標（將夢想拆解為具體可執行階段）

當夢想明確設定後，下一步就是將這些長期目標轉變成清晰、可執行的短期目標。短期目標能讓你規畫實際行動，逐步靠近財務自由。其中，有4個核心步驟必須掌握：

### 一、找到大目標和小目標

例如，你想在5年內達成每月10萬元被動收入的大目標，那就可以設定：

- ✓ 第一年小目標：每月1萬元被動收入。
- ✓ 第二年小目標：每月3萬元被動收入。
- ✓ 第三年小目標：每月5萬元被動收入。
- ✓ 第四年小目標：每月8萬元被動收入。
- ✓ 第五年小目標：每月10萬元被動收入。

將每個階段設定具體數字，不但能有效追蹤進度，也會因目標明確易行而有持續推進的動力。

### 二、目標是可達成的

目標必須合理且務實。過於理想化的數字常會導致因挫敗而放棄的結局。設定適合自己現況且容易達成的目標，例如1年內收入增加20%到30%，每當完成一個目標，就能從中獲得肯定與自信，也才會有信心擴大下一個目標設定。

## 三、設定目標達成期限

短期目標必須搭配明確的達成時間,例如「6個月內達到每月1萬元的被動收入」或「一年內累積100萬元的投資本金」。具體的期限會帶來適度的壓力,督促自己規律、有效率的執行。

## 四、整合現有資源

掌握目前財務狀況,評估個人能力與人脈資源,確認起點後才能知道如何調整資產配置;亦須時時學習投資理財新技能,懂得適時尋求協助,才能有效達標。

透過上述4步驟,將抽象夢想轉化為可追蹤的行動計畫,只要穩步邁進,每完成一個小目標,財務自由就會更靠近一步。

## 第三支柱:意願度(強化實現目標的動力與決心)

意願度是一種內在的驅動力量,能在你遇到困難、挫折或外界干擾時,依然堅持到底,持續朝目標邁進。想要提升意願度不妨透過以下4步驟:

## 一、清楚自己為何而戰

問問自己:「為什麼想實現財務自由?」如果答案是:「想賺更多錢。」其實這是無法激發動力的。你需要找到內心深處真正的原因,例如為了家人幸福、人生自由,或實現更大的夢想。動機愈強烈,你會更願意堅持到底。

## 二、擁有正確金錢信念

許多人潛意識裡有「負面金錢觀」，像是「賺錢很辛苦」或「想有錢就會沒有生活品質」，這些錯誤的觀念容易降低行動意願。你要相信追求財務自由是透過規畫達成，而非犧牲現有生活，建立正確的金錢觀才能提高執行效率。

## 三、將目標融入個人價值觀

你的財務目標必須與個人價值觀一致，而非彼此矛盾。若你重視家庭陪伴，就要確保追求財務自由是為換得更多陪伴家人的時間，而非犧牲這些寶貴的價值。唯有目標與價值觀緊密結合，才能真心且持久的投入。

## 四、強化幸福未來想像

每天花時間溫習自己達成財務自由後的幸福畫面，並充分感受成功帶來的快樂、滿足與安全感。持續強化這種成功意象，將成為你克服困難、維持熱情的重要力量。有了強烈的內在意願，財務自由之路將更加順利、穩健，並且更容易實現內心真正的夢想。

### 第四支柱：策略與工具（打造從夢想到現實的財務自由路徑）

當你設定了清晰的夢想、具體的短期目標，且內心動力已準備就緒，最後一環便是落實有效的策略與工具。沒有這一環，財務自由只能停留在想像階段。可分成以下4個步驟落實：

## 一、資產配置策略（打造財富的核心架構）

根據自身風險偏好與目標，建構專屬資產配置組合，例如：

- ✓ 「防守型資產」：如定存、低波高息ETF（Exchange-traded Funds，指數股票型基金），確保穩定現金流，提供安全感。
- ✓ 「成長型資產」：如市值型ETF、房地產，長期增值，達成財富增長目標。
- ✓ 「進攻型資產」：如加密貨幣、股票、期貨、外匯等，透過攻略賺超額價差。

## 二、建立多元收入（創造主動與被動收入）

單一上班收入難以實現財務自由，必須建立多元管道，例如：

- ✓ 主動收入：提升專業技能增加本業收入。
- ✓ 副業收入：斜槓發展興趣技能創造更多收入。
- ✓ 投資收入：用投資組合創造價差或被動收入，應對市場波動。

## 三、投資策略（提升投資效率與成功率）

投資失敗多因缺乏明確策略與風險管理，必須建立清晰系統：

- ✓ 買賣攻略：幫你找到有優勢的進場點和離場點。
- ✓ 風險管理：嚴格停損停利，避免情緒化決策。
- ✓ 老闆心態：當風險已經被控制，就不會因為市場波動造成非理性投資。

## 四、財務工具與教練資源

- ✓ 現金流管理工具：記帳App、財務報表軟體，視覺化分析財務

狀況。
- ✓ 投資分析工具：技術分析軟體（如 TradingView），找到最佳買賣點。
- ✓ 財務數據平台：協助挑選優質投資標的。
- ✓ 專業財務教練：一對一諮詢，提供客觀有效建議。

透過以上4個步驟，就能將夢想轉為務實行動，系統化地達成財務自由。

最後，當你透過這四大支柱，把夢想轉化為具體的目標、意願度、執行策略，你就能真正一步一步、有系統地邁向財務自由的人生。

## 03 財務自由四大階段

「想擁有更多錢嗎？」相信聽到這個問題幾乎所有人都會立刻回答：「當然！」但事實上，「想要更多錢」和「相信自己會變有錢」是兩個完全不同的概念。

很多人會一邊說著：「我想賺更多錢！」然而每當開始思考該如何提升收入或資產時，內心卻會出現許多躊躇不前的想法：「沒有學歷和背景怎麼可能賺大錢？」、「投資很危險，萬一賠錢怎麼辦？」、「錢夠用就好，太過追求會讓自己搞得很累，變得不快樂……」其實會有這些負面的思維，絕大部分來自於過去的家庭背景或不好的經驗。

我們常會說「思維決定行動，行動決定結果」。如果潛意識裡不相信自己會變有錢，那麼即使有再多的機會擺在面前，你也很有可能會下意識地找各式藉口放棄，甚至不敢行動。

事實上財務自由的第一步，不是從賺錢開始，而是從改變你的金錢信念做起。唯有你內心真正相信自己能實現，才會願意堅持、才會真正付諸行動，一步一步邁向成功之路。

## 金錢信念如何影響你的財務結果？

假設現在A和B都是普通上班族，每個月的薪水一樣是5萬元，但兩人對於金錢有著完全不同的想法：
- ✓ A的金錢信念：「投資很危險，賺錢很辛苦，錢夠用就好。」
- ✓ B的金錢信念：「運用正確方法累積資本，就有機會變富有。」

兩人的信念，10年之後可能產生大不相同的結果：
- ✓ A原地踏步，每月薪水幾乎見底，不敢嘗試任何能提升財務狀況的機會。
- ✓ B透過投資累積資產，甚至有被動收入，離財務自由愈來愈近。

有沒有發現？同樣的收入、同樣的起點，唯一的差別正是他們對金錢的信念。這也就是為什麼財務自由的第一步，就是得檢視並調整金錢觀。因為如果思維沒有改變，學會再多的方法、運用再厲害的工具都沒用，最後只會帶你重回原點。

那麼，該如何改變金錢信念？

這是一個持續性過程，需要你不斷採取行動，最終形成的新思維模式。以下3個步驟，將幫助你做到這點：

### 第一步：找到舊的金錢信念

唯有發現自己的財務盲點，才能徹底改變。而這些常見的「限制性思維」，我稱之為「窮人對於金錢的信念」：
- ✓ 錢難賺，得拚命工作才能賺到錢。

- ✓ 賺大錢是靠運氣，有錢人都是幸運的人。
- ✓ 投資理財太複雜，普通人無法掌握。
- ✓ 想要有錢就得犧牲健康與生活品質。
- ✓ 投資都是高風險，不如存錢最安全。
- ✓ 有錢人都賺黑心錢，剝削別人才會變有錢。
- ✓ 只有高學歷或擁有專業證照才能賺大錢。
- ✓ 錢夠用就好，不需要追求更多財富。
- ✓ 過去投資賠過錢，所以我不適合投資。
- ✓ 錢不是萬能，沒必要努力賺錢。
- ✓ 我的家人從來沒有誰變有錢，我應該也沒這個命。

不妨拿出紙筆，寫下你對金錢的 5～10 個看法，然後誠實地問自己：「這些想法是真的嗎？還是只是來自於以前的環境與經驗的影響所致？」當你發現這些想法並非事實，而是深受過去的觀念使然，恭喜你！已經踏出改變的第一步。

## 第二步：建立新的金錢信念

光是擺脫舊信念還不夠，你需要有新信念取代。以下就是幾個富人會有的金錢信念：

- ✓ 錢不難賺，運用智慧與資金槓桿操作就能輕鬆獲得。
- ✓ 賺錢來自正確的策略與行動，掌握方法就能複製成功。
- ✓ 投資不難，只要學習並建立系統，就能穩定獲利。
- ✓ 透過正確的財務規畫，就能兼顧理財、健康與家庭。
- ✓ 正確投資策略可降低風險，讓資產穩健增長。

- ✓ 有錢人是透過價值創造解決人們問題而獲取財富。
- ✓ 具備「財商」（Financial Quotient）與高收入技能，比有學歷更能決定財富高度。
- ✓ 賺更多錢能讓自己和家人有更好的生活品質。
- ✓ 投資是長遠的學習，每次經驗都能讓自己變得更強。
- ✓ 錢雖非萬能，但它能解決99％以上的事情。
- ✓ 當不成富二代，就當富一代。

從今天起，不妨每天起床後就對著鏡子念出你的「新金錢信念」，並告訴自己「正確的投資策略，能以低風險讓資產穩健增長」，也別忘了強化投資技能，讓說和做一致，理財將會更有力量。

## 第三步：用行動強化你的新金錢信念

新信念必須透過具體行動才能真正內化，想達到成效，你可以立即採取以下行動計畫：

- ✓ 建立學習帳戶：每月撥出10％收入投資自己，例如報名財商課程、閱讀投資書籍，抑或參加高價值人脈圈。
- ✓ 體驗小額投資：例如把1,000元投入ETF（Exchange-traded Funds，指數股票型基金）或基金，打破對投資的恐懼。
- ✓ 接觸有錢人的世界：參與富人圈活動、閱讀成功者故事，甚至偶爾去五星級飯店體驗，讓大腦習慣「這就是我未來的樣子」，增加企圖心。

當你開始實踐，世界也會逐漸給予回應，財富就會慢慢流向你。

## 好好把握讓財務自由的四大階段

### 第一階段：財務求存（Financial Survival）

　　財務自由的第一步，就是突破財務求存困境。何謂財務求存？假設你的每月收入僅夠支付基本開銷，經常陷入「月光」狀態（例如月薪4萬元，月花4萬元以上）。薪水入帳只帶來短暫的安心，但信用卡帳單一到，焦慮感立刻推走安全感。你無法承受任何意外或無預期的開銷，甚至不得不依靠信貸或借錢維生，使得負債如雪球般愈滾愈大。

- ✓ 核心問題：收入僅夠維持基本開銷，有時甚至入不敷出。
- ✓ 關鍵目標：確保有多餘收入可累積緊急預備金。
- ✓ 行動建議：控制開銷、積極開源，打破負債循環。

### 第二階段：財務穩定（Financial Stability）

　　當你跨越「求存階段」後，便會來到財務穩定階段。此時收入穩定，並有多餘儲蓄（例如月薪4萬元，每月可存5,000元），不再依靠借貸生活，但因發現存錢速度緩慢，開始嘗試投資。由於過去缺乏「財商」知識，乃至於經常犯下投資錯誤，甚至慘遭虧損，逐漸對投資感到無助與恐懼。

　　於是，內心開始響起這樣的聲音：「我是否不適合投資？」、「投資真的有用嗎？」、「是否有錢人投資才能成功？」然而，你忽略了一個事實：「你從未真正學過投資，也沒有花時間精進自己投資技能。」

- ✓ 核心問題：收入穩定但資產成長緩慢，對投資缺乏知識與信心。
- ✓ 關鍵目標：學習有效投資策略與資產配置方法。

- ✓ 行動建議：積極參與財務課程或閱讀專業書籍，藉以提升「財商」，也別忘了多了解不同的投資工具，選擇適合自己的投資標的。

## 第三階段：財務安全（Financial Security）

　　一旦跨越財務穩定階段，接著便會進入財務安全階段。這時的你，已擁有足夠支付半年到一年的生活費用與緊急預備金，並開始透過股票、ETF或房地產租金等建立穩定的被動收入，總算體會「錢替你工作」的重要性，不再輕易被突發狀況或意外支出所焦慮。

　　然而，在此階段恐面臨的最大風險，就是常因享受舒適而停滯不前。超過90％的人在此階段會選擇安逸生活，最終成為財務上的「普通人」；另外10％的人則會持續提升「財商」，拓展更多元的收入來源。因此，不間斷地學習進階財務知識、提高投資效益，設定明確財務自由目標、拒絕安於現狀，成為此階段最該做的事。

- ✓ 核心問題：容易安逸，導致財富成長停滯不前。
- ✓ 關鍵目標：擴大投資規模，使被動收入能完全超過生活上的必要支出。
- ✓ 行動建議：積極學習「財商」，拓展收入來源；優化資產配置，追求真正財務自由。

## 第四階段：財務自由（Financial Freedom）

　　達到財務自由，代表你已經擁有能完全應付生活開支的穩定被動收入。此時，工作成為隨心所欲的選擇，而非為了生存的必須。但是

許多人進入此階段後,卻容易犯下致命錯誤,以為從此不再需要管理財務,因而放鬆警戒,導致資產漸漸流失,甚至重回過去的財務困頓的窘境。

　　這時的你,更需要謹慎管理財富,定期檢視與調整資產配置,確保財富穩健成長。要記住!財務自由並非財富終點,而是你實現更高人生價值的起點。

　　✓ 核心問題:享受財務自由帶來的安穩生活之餘,卻忘了時時管理財務的重要。

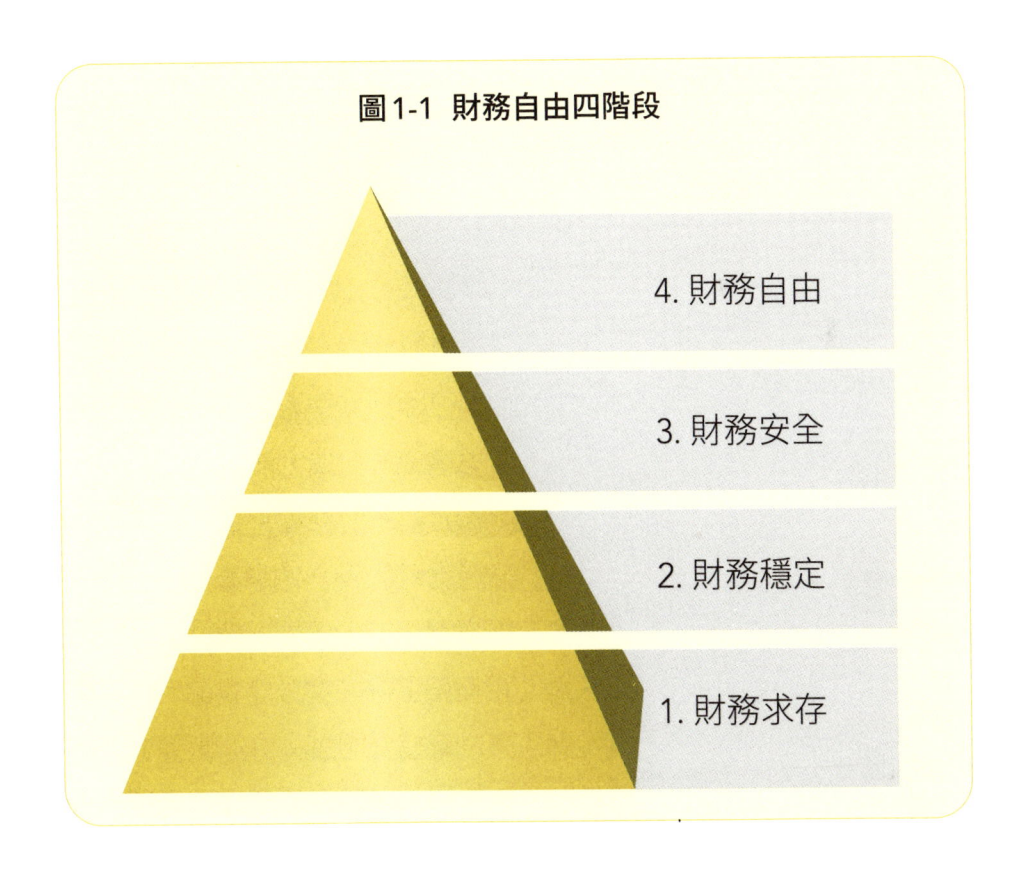

**圖1-1 財務自由四階段**

4. 財務自由
3. 財務安全
2. 財務穩定
1. 財務求存

- ✓ 關鍵目標：持續穩健增長資產，永保財富自由。
- ✓ 行動建議：定期檢視並優化資產配置，掌握最新財務趨勢，才能實現更高的生命價值。

　　看到這裡，相信你應該能清楚認識影響財富的兩大關鍵因素：「金錢信念」與「財務自由四階段」。從現在開始，先認清自身的財務現況，接著設定清晰的財務目標，更別忘了持續學習、積極行動，唯有如此，才能逐步推進財務狀態。

　　下一節，我們將深入分析你的財務體質，釐清你究竟是擁有「正身價」還是「負身價」。

## 04 你是「正身價」，還是「負身價」？

　　你身邊是否有朋友收入很高，卻是名符其實的「月光族」，甚至負債累累？又是否曾遇過開名車、穿名牌、戴名表，一旦失業生活即陷入困境的親人？這些人看似富有，實則「負身價」；有些人收入普通，卻能穩健累積資產，他們才是真正擁有「正身價」。

　　造成如此差距的關鍵，正是對資產與負債的認知有誤。許多人把汽車、名牌物件認定為資產，但想想：「這東西是讓你把錢放進口袋，還是從荷包掏出？」此外，若你買房出租，每月租金收入超過房貸產生「正現金流」，那麼房子就是資產；若為自住，每月得付出房貸和維修費用，則會成為負債。

　　我的一位朋友是外商公司的高階主管，月薪30萬元，看似生活優渥，卻因卡債、房貸、車貸每月入不敷出，成為「高薪窮人」。另一位月薪僅5萬元的朋友，透過持續學習投資技能，憑藉股票、加密貨幣、ETF、房地產逐步累積資產，實現財務自由。

　　因此，決定身價的不是賺多少錢，而是賺到的錢最終流向了哪裡？究竟成為持續創造收入、累積財富的資產？還是變成不斷消耗現金流，讓你愈來愈窮的負債？

### 表1-2 資產 VS. 負債

|  | 資產＝正身價 | 負債＝負身價 |
|---|---|---|
| 定義 | 每月「正現金流」或增值 | 每月「負現金流」或貶值 |
| 舉例 | 房地產出租、股票、ETF、加密貨幣、債券 | 自住房貸款、汽車貸款、信用卡債務、消費性貸款、奢侈品 |
| 影響 | 加速實現財務自由，讓生活愈來愈輕鬆 | 拖延達成財務自由，甚至易釀成財務危機 |

想真正提升身價，就必須先學會精準定義什麼是資產、什麼是負債。簡單來說，資產能幫你產生收入，為你的口袋裝進現金；負債則會從你的口袋拿走現金，消耗財富。（見表1-2）

你可能會問：「是否所有負債都是不好的？」那倒未必，「好負債」就能幫助你獲得真正的資產。例如將理財型房貸增貸出來的現金，轉入能產生現金流的投資工具，但得符合以下條件：

*現金流 > 房貸支出*

這些負債反而能幫你累積更多資產、創造更多現金流，也就是「良性負債」。而另一種如信用卡消費、消費性貸款等，這些純粹消耗現金流的「惡性負債」，只會讓你離財務自由愈來愈遠。

或許你會認為：「這些道理我早就知道了。」但現實生活中，為何仍有許多人無法擺脫「惡性負債」循環？其關鍵在於，多數人從未

真正徹底盤點過自己的資產與負債，甚至根本不知道自己究竟擁有哪些資產，又累積了多少隱藏性負債。

接下來，我會帶你深入認識3個至關重要的財務管理工具：

✓ 資產負債表：了解資產與負債的結構比例。

✓ 現金流量表：掌握金錢流向。

✓ 收支表：檢視收入和支出的真實情況。

透過清晰的財務管理工具，才能真正脫離負債陷阱，翻轉成為「正身價」，甚至從零開始一步步達成財務自由的願景。

## 資產負債表

當你理解資產與負債的本質，並明白決定身價並非賺了多少錢，而是錢究竟流向哪，那麼下一步，就是運用資產負債表來了解自身的真實財務狀況。

資產負債表的功能，就是用來盤點所有資產與負債，並計算出個人淨資產：

淨資產（身價）=資產總和-負債總和。

✓ 數字為正，表示你處於「正身價」，財務自由未來可期。

✓ 數字為負，表示你處於「負身價」，財務狀況急需改善。

4帳戶教你逆襲致富

### 表1-3 資產負債表範例

| 資產 | 金額 | 負債 | 金額 |
|---|---|---|---|
| 現金（定存、活存） | 50 萬元 | 消費性貸款 | 30 萬元 |
| 股票、ETF | 100 萬元 | 車貸 | 250 萬元 |
| 加密貨幣 | 20 萬元 | 房貸 | 1,200 萬元 |
| 房地產（「正現金流」） | 1,500 萬元 | 信貸 | 200 萬元 |
| 保險（有解約價值） | 40 萬元 | 保單借款 | 30 萬元 |
|  |  | 卡債 | 40 萬元 |
| 資產總額 | 1,710 萬元 | 負債總額 | 1,750 萬元 |
| 個人淨資產 | 1,710 萬元(資產總額)-1,750 萬元（負債總額）= -40 萬元（「負身價」） | | |

從表1-3即可清楚看出，當中的個人處於「負身價」，個人淨資產為-40萬元。這時就得意識到自己的財務狀況急需做出調整。

使用資產負債表有3個好處：

- ✓ 了解財務現況：能明確看出自己有哪些資產、哪些負債，從而快速辨識出財務的問題所在。
- ✓ 掌握金錢流向：分辨哪些東西能幫你累積財富，哪些只是讓你持續失血，從而調整消費習慣與投資布局。

- ✓ 設定明確的財務目標：例如設定「半年內清償信用卡債務」短期目標，或「3年內轉為正身價」的長期目標，讓財務行動更有方向性。

## 現金流量表

　　清楚個人淨資產後，下一步要掌握的，就是金錢的流入與流出，這就是現金流量表的功能。資產負債表顯示的是財務現況，而現金流量表則是追蹤動態的資金流動。

　　現金流量表有兩大指標：

- ✓ 每月淨現金正負：正數代表健康，負數代表入不敷出，需立即改善。
- ✓ 被動收入占比：必須提高被動收入的比例，才能真正實現財務自由。

而現金流量表的三大價值包括：

- ✓ 清楚追蹤金流，避免財務黑洞。
- ✓ 快速找出不必要花費，優化財務結構。
- ✓ 提高被動收入比例，加速達成財務自由。

### 表1-4 現金流量表範例

| 每月現金流入（收入） | 金額 | 每月現金流出（支出） | 金額 |
|---|---|---|---|
| 薪水 | 5萬元 | 房貸 | 3.5萬元 |
| 股票、ETF配息 | 5,000元 | 管理費、水電瓦斯 | 1萬元 |
| 加密貨幣配息 | 2,000元 | 生活費 | 1.5萬元 |
| 房地產租金（「正現金流」） | 1萬元 | 保險 | 2,000元 |
| 副業收入 | 8,000元 | 娛樂訂閱制 | 5,000元 |
|  |  | 手機費 | 2,000元 |
|  |  | 雜費 | 3,000元 |
| 總收入 | 7.5萬元 | 總支出 | 7.2萬元 |
| 每月淨現金流 | 7.5萬元(總收入)–7.2萬元（總支出）= 3,000元（幾乎是『月光族』） | | |

## 收支表

　　介紹資產負債表與現金流量表之後，第三個重要的工具就是收支表。許多人以為收支表跟現金流量表相仿，但其實兩者功能不同：

- ✓ 現金流量表：關注資金流動的方向與被動收入的比例，適合整體投資規畫。
- ✓ 收支表：詳細記錄日常所有收入與支出，更貼近生活，方便用

來掌握細節、改善消費習慣。

透過收支表，你就能達到：

✓ 精確追蹤每筆開支，找出「隱藏性」浪費。

表1-5 收支表範例

| 每月收入 | 金額 | 每月支出 | 金額 |
|---|---|---|---|
| 薪水 | 5 萬元 | 房貸 | 3.5 萬元 |
| 股票、ETF 配息 | 5,000 元 | 管理費 | 6,000 元 |
| 加密貨幣配息 | 2,000 元 | 水電，瓦斯 | 4,000 元 |
| 房地產租金（「正現金流」） | 1 萬元 | 每月朋友聚餐 | 3,000 元 |
| 副業收入 | 8,000 元 | 吃飯錢 | 1 萬元 |
| | | 交通費 | 2,000 元 |
| | | 娛樂訂閱制 | 5,000 元 |
| | | 保險 | 2,000 元 |
| | | 手機費 | 2,000 元 |
| | | 飲料咖啡錢 | 3,000 元 |
| 總收入 | 7.5 萬元 | 總支出 | 7.2 萬元 |
| 每月淨現金流 | 7.5 萬元 ( 總收入 )–7.2 萬元（總支出）= 3,000 元（幾乎是『月光族』） | | |

- ✓ 藉以區分必要與非必要性支出，迅速調整消費習慣，提升每月盈餘。
- ✓ 快速累積投資本金，加速財務自由。

　　想擺脫負身價，就得先好好盤點自己。透過資產負債表、現金流量表與收支表，當個斤斤計較的「薪水控」，才能清楚知道能自己能一手掌握的現金有多少，又有多少資金能用來投資獲益，實現財富自由的夢想。

Chapter 02

# 財富自由關鍵密技：「4帳戶理財法」

想踏上財務自由之路，你需要的不是高薪收入或拚命工作，建立科學穩健的財務系統才是王道！善用「4帳戶理財法」,有效配置每一分、每一毫：

✓ 保命帳戶（基礎安全）：
　確保足夠資金應對突發狀況，避免陷入財務困境。

✓ 學習帳戶（能力提升）：
　精進專業技術，增加市場競爭力，創造更多收入。

✓ 保值帳戶（增值與防守）：
　確保資產持續增值、創造穩定現金流，有效對抗通膨。

✓ 高投報帳戶（資金翻倍）：
　精準穩健投資創造高投報率，加速達成財務目標。

# 01 這輩子，得賺多少錢才夠？

「人的一生需要賺多少錢才能過上理想生活？」

這問題看似簡單，但多數人從來沒有認真計算。大家總覺得只要努力工作，薪水自然慢慢增加，財富也會逐漸累積，等到40、50歲時，銀行存款應該就夠用吧？然而現實往往是殘酷的，當你真正需要用錢時，才會赫然發現自己根本還沒準備好，存款遠遠不足以支持你想要的生活。其實，你的財務自由並非只是想望，而是可以透過具體數字計算出來！

記得20多年前，我的大學教授曾說過一句話，至今仍深深地影響著我：「如果你不做出任何改變，這輩子可能只值500萬元！」當時的我年輕氣盛，心裡十分不服氣，甚至覺得這句話也太荒謬了，「怎麼可能努力工作一輩子，只有500萬元？」難道我們的人生，早被數學公式決定了？

當時教授只是淡淡地笑了笑，隨即在黑板上寫下一道簡單易懂的計算公式：「假設畢業後月薪是4.5萬元，每年穩定加薪2,000元，工作40年後退休。每個月扣除生活開銷後，你能存下1萬元，一年能存12萬元。」接著，教授轉頭望向我們繼續說道：「12萬元×40年就是480萬元、接近500萬元。這就是你這輩子可能累積得到的財富。」

當時教室裡鴉雀無聲，所有同學臉上的表情都很凝重。我們突然

驚覺這個計算方式非常合理，甚至符合多數人的人生軌跡。但這樣的未來，真的是我們想追求的人生嗎？500萬元，真能支持我們理想中的生活嗎？

每個人的心中或多或少都抱著某種期待：也許某天能突然獲得意外之財、中了樂透頭彩，或是事業有成、加官進爵，收入大幅提升。然而，統計數據卻告訴我們一個殘酷的事實：「絕大多數人的人生，並不會偏離平均數字太遠。」儘管人人渴望出現奇蹟，然而現實並非如此。

或許這聽起來有點沉重，但財務規畫的第一步，就是要面對真相、認清現實，唯有如此才會產生改變的動力。

因此，我希望你現在可以靜下心來，好好思考：「這輩子，到底需要賺多少錢才夠用？」如果從來沒有認真算過自己的一生會花多少錢，那麼你可能永遠缺乏必要的財務危機感，也就很難真正踏出改變的第一步。

接下來，我將帶你一步步揭開這個殘酷卻重要的真相：如果現在不做出任何改變，那麼你的財務未來，可能從一開始就已經被計算出來了！相反地，如果願意改變，你的人生數字也將因此而重新改寫。

準備好面對真相，掌握自己未來的財務命運了嗎？

## 人的一生究竟需要花多少錢？

不談不切實際的財富幻想，光用「基本生活開銷」來試算。在沒有豪宅、名車，也沒有奢侈消費的情況下，一個人從22歲大學畢業後

開始工作起算,到底需要多少錢才能活到80歲過完一生?

## 一、交通費

假設25歲起以車代步,開到75歲共計50年。若每輛車的使用期限以10年計算,那麼你這一生至少得換5輛車。即便選擇經濟又實惠的1,500cc日系品牌、新車價約67.5萬元的小型國產房車,而且將所有維修、保養費用壓到最低,則相關開銷粗略計算如下表2-1:

表2-1　養車基本開銷

| 項目 | 金額 |
|---|---|
| 買車費用 | 67.5萬元 x5輛 =337.5萬元 |
| 保養費用 | 每年最少保養2次<br>4,000元 x2次 x50年 =40萬元 |
| 使用牌照稅 | 7,120元 x50年 =35.6萬元 |
| 自用車及機車汽車燃料使用費 | 4,800元 x50年 =24萬元 |
| 汽車強制險 | 1,874元 x50年 =9.37萬元 |
| 加油錢 | 4,000元 x12月 x50年 =240萬元 |
| 停車租金(費) | 3,000元 x12月 x50年 =180萬元 |
| 維修費 | 每年平均5,000元(超低價)<br>5,000元 x50年 =25萬元 |
| 總計花費 | 891.47萬元 |

## 二、居住費

簡單分成買房和租房（見下表2-2）。

- ✓ 買房：假設你打算花1,500萬元在台北市購屋，那麼這筆預算可能只買得到2房或較為狹窄的3房，也有可能是屋齡超過40年的老公寓。若在中南部，則有機會買到格局較大的3房甚至透天厝。
- ✓ 租房：如果不買房，而是以同樣1,500萬元支付租金，假設每月開銷為2.5萬元（以市場相對低廉租金計算），也只能租房50年。

### 表2-2 買房 VS. 租房支出

| | |
|---|---|
| 買房費用 | 1,500萬元 |
| 租房費用 | 2.5萬元 x12個月 x50年 =1,500萬元 |
| 總計花費 | 1,500萬元 |

## 三、小孩教養費用

假設你和另一半只有一個小孩，為了工作賺錢，你們只能選擇托育。雖然選擇公立幼稚園能省下很多開支，但想抽中可謂難上加難，所以只能選擇私立幼稚園就讀。

好在上了小學後孩子成績優異、主動學習、不需額外補習，長大後的他也和你們一樣不追求名牌、不熱中物質享受。那麼我們就以此算一下，從他出生到大學畢業，究竟得準備多少教養金（見表2-3）？

**表2-3　養小孩支出**

| | |
|---|---|
| 托育費用<br>（0～3歲） | 每月1.5萬元＋生活費5,000元=2萬元<br>2萬元x12個月x3年=72萬元 |
| 私立幼稚園<br>（3～6歲） | 平均每月1.5萬元＋生活費5,000元=2萬元<br>2萬元x12個月x3年=72萬元 |
| 公立小學～高中<br>（7～18歲） | 學雜費1年約1萬元，12年約12萬元 |
| 公立大學<br>（19～22歲） | 每學期學雜費和教科書錢約3萬元<br>3萬元x8學期（4年）=24萬元 |
| 小學到大學畢業<br>生活費 | 平均每個月只花1萬元<br>1萬元x12個月x16年=192萬元 |
| 總計花費 | 372萬元 |

## 四、生活費

假設你每餐都只吃100元的便當，一天三餐每天需花費300元。不喝飲料、不吃零食，也完全不追求物質享受，但每5年得更換一次基本款的電腦與手機，並在30歲結婚，開始負擔家用開銷（見表2-4）。

## 表2-4 生活費

| | |
|---|---|
| 飲食費 | 22～30歲：300元 x365天 x8年 =87.6萬元<br>30歲結婚後：2人每天600元，600元 x365天 x50年 =1,095萬元 |
| 休閒娛樂費 | 每月1,000元<br>1,000元 x12個月 x58年 =69.6萬元 |
| 電信網路費用 | 每人、每月最低499元，兩個人約1,000元<br>1,000元 x12個月 x58年 =69.6萬元 |
| 水電瓦斯費 | 全年平均下來，每個月約3,000元<br>3,000元 x12個月 x58年 =208.8萬元 |
| 3C產品 | 每5年換一次，每次花費3萬元<br>3萬元 x12隻手機 ＋ 3萬元 x12台電腦 =72萬元 |
| 衣褲鞋帽 | 每人每年只買1衣1褲1鞋子，每人5,000元<br>5,000元 x2人 x50年 =50萬元 |
| 總計花費 | 1,652.6萬元 |

## 五、醫療費

假設夫妻倆一年只生一次病、看兩次牙醫，沒有任何意外發生，一生平安健康（見表2-5）。

### 表2-5 醫療費

| | |
|---|---|
| 健保費 | 每人每月繳 700 元<br>700 元 x2 人 x12 個月 x50 年 =84 萬元 |
| 掛號費 | 一年只生一次病、看兩次牙醫，每次掛號費 200 元 x3 次 =600 元<br>600 元 x2 人 x50 年 =6 萬元 |
| 健康檢查 | 夫妻每 2 年做一次 8,000 元的陽春版健康檢查<br>8,000 元 x25 次 x2 人 = 40 萬元 |
| 總計花費 | 130 萬元 |

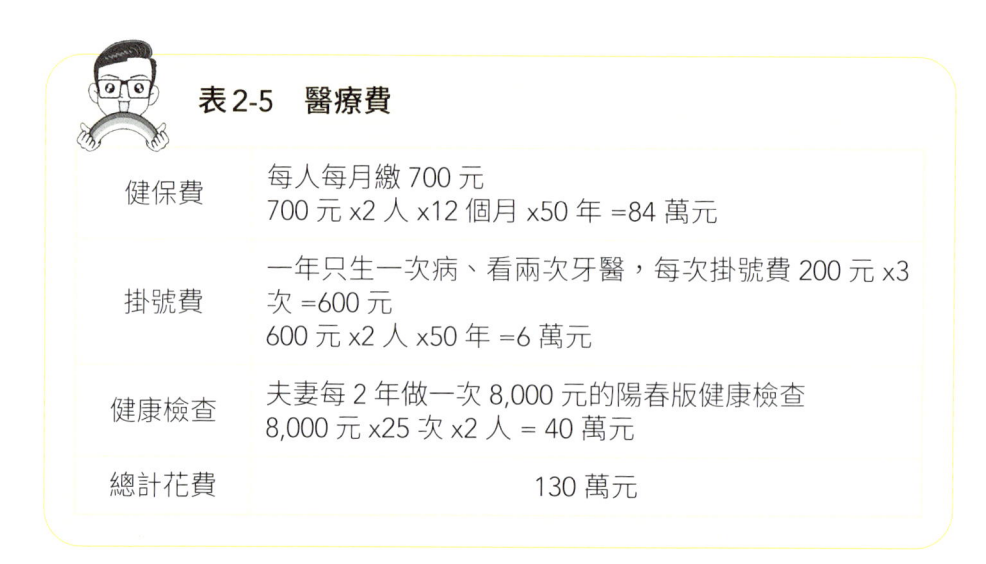

## 六、孝親費

假設長輩健康無虞，生活費也不需煩惱。以20年每月、每位3,000元計算，且重要節日只買蛋糕在家慶祝不外食（見表2-6）。

### 表2-6 孝親費一覽

| | |
|---|---|
| 孝親費 | 每位 3,000 元、共 4 位<br>3,000 元 x4 位 x12 個月 x20 年 =288 萬元 |
| 過年紅包 | 每位 3,600 元 x4 位 x20 年 =28.8 萬元 |
| 節日和生日 | 每年各大節日每位 2,000 元 x4 位 =8,000 元<br>8,000 元 x20 年 =16 萬元 |
| 總計花費 | 332.8 萬元 |

## 七、結婚費

目前在台灣的結婚平均花費約 50 萬元，假設採極簡方式舉辦（見表 2-7）。

表 2-7　結婚費

| | |
|---|---|
| 公證費用 | 1,000 元 |
| 婚紗費用 | 極度陽春版 = 3 萬元 |
| 婚宴費用 | 每桌 4,000 元、席開 20 桌，共花 8 萬元 |
| 蜜月費用 | 極簡安排，兩人共計 10 萬元 |
| 大小禮 | 5 萬元 |
| 總計花費 | 26.1 萬元 |

## 八、喪葬費

很多人光是一個骨灰罈就要價 30 至 50 萬元，有些甚至上百萬元，這邊我們同樣走極簡風，便宜就好（見表 2-8）。

表 2-8　喪葬費

| | |
|---|---|
| 喪葬基本 | 30 萬元 x4 位 =120 萬元 |
| 總計花費 | 120 萬元 |

## 九、保險費

以最基本的保障計算，若遇重大意外恐扛不住（見表2-9）。

**表2-9　保險費**

| 意外險 | 年繳2,000元：2,000元x2位x50年=20萬元 |
|---|---|
| 醫療險 | 每年3,000元：3,000元x2位x50年=30萬元 |
| 總計花費 | 50萬元 |

若把上述所有數字加總，即可得知人的一生從年輕到活至80歲，光是以極簡方式生活所需費用就約5,075萬元（見表2-10）。請注意！這還僅是支應生存開銷，不包含娛樂、旅遊或重大事故發生，更別說想規畫夢想人生。反觀，從22歲開始工作到65歲退休，這43個年頭又能賺到多少錢？

- ✓ 月收入3萬元：總收入為1,548萬元。
- ✓ 月收入4萬元：總收入為2,064萬元。
- ✓ 月收入7萬元：總收入為3,612萬元。
- ✓ 月收入10萬元：總收入為5,160萬元。

看清楚了嗎？除非家庭收入每月超過10萬元，否則根本無法支付約5,075萬元，這還尚未考慮通膨，以及80歲後的開銷……

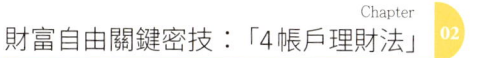

### 表 2-10　一生所需花費估算

| 交通費 | 891.47 萬元 |
|---|---|
| 居住費 | 1,500 萬元 |
| 小孩費 | 372 萬元 |
| 生活費 | 1,652.6 萬元 |
| 醫療費 | 130 萬元 |
| 結婚費 | 26.1 萬元 |
| 孝親費 | 332.8 萬元 |
| 喪葬費 | 120 萬元 |
| 保險費 | 50 萬元 |
| 總計 | 5,074.97 萬元 |

## 你不理財，財不理你

　　許多人都誤解了投資理財的意義，總認為那僅是一種追求財富且貪婪的行為，甚至還有人認為：「我的錢夠用就好，也不想變成有錢人，所以不必理財。」但殘酷的現實是：即使你不想成為有錢人，也必須確保自己辛苦工作賺來的血汗錢，不會因通貨膨脹而逐年貶值。

如果想擺脫被金錢束縛的人生，最務實的方法就是學習提高收入的技能、做好資產配置，甚至打造多元收入來源，才是邁向財務自由的關鍵之鑰。

雖然，我們已用「總支出」計算出人的一生到底得花多少錢才能生存（而非生活），即便數字的結果看來殘酷，但其實解決的方法一直都在。那就是：

### 增加被動收入 支付生活開銷

其實這個觀念很簡單！你只需要累積一筆足夠本金，並將資金配置在穩定、低波動的資產裡，每年所產生的被動收入就能支付生活開銷。所以，你的財務目標將不再是「賺多少錢」，而是「累積多少本金」，再讓這筆資產創造穩定現金流，達到「用錢賺錢」的財務自由理想境界。

那麼，究竟需要多少本金，才能達成財務自由的願景？以下，我們就以每年穩定報酬率5％來估算：

公式：財務自由本金＝每月被動收入×240。

也就是說，假設你需要：
- ✓ 每月被動收入5萬元→本金需1,200萬元。
- ✓ 每月被動收入10萬元→本金需要2,400萬元。
- ✓ 每月被動收入20萬元→本金需要4,800萬元。
- ✓ 每月被動收入30萬元→本金需要7,200萬元。

✓ 每月被動收入50萬元→本金需要1.2億元

若你有房貸、車貸，加上日常開銷，每個月至少需要10萬元的被動收入，才能不工作仍維持生活品質。這意味著拿出約2,400萬元的本金配置在每年5%穩定報酬的資產上，每月就能獲得10萬元被動收入，達成財務自由的初階門檻。

看到這裡，是不是忽然覺得輕鬆一些？原本以為一輩子得要賺到5,000萬元才夠用，現在發現其實只需要一半不到的本金，就能輕鬆達成理想生活。

但問題來了……

✓ 如果存不到2,400萬元，那這一切都是空談。

✓ 即使知道這些數字，每月賺到的錢真能留得下來？

✓ 如果錢老存不住，那財務自由不就只是遙不可及的夢想？

這也是許多人正面臨的困境：「賺得不少，卻總是存不到錢！」下一節，我們將將深入揭開「存不到錢」的真實原因，幫你找到解決方案，開始累積財富！

## 02 辛苦存的錢,真的能留得住?

邁向財務自由的道路上,你是否曾經歷這樣的狀況:薪水明明很穩定,但即便每天努力工作,帳戶存款卻始終不見起色,甚至有時才剛領薪水,餘額就迅速減少⋯⋯你的錢到底去了哪?

或許你會懷疑是不是自己賺得不夠多,然而多數人存不到錢的真正原因並非收入不足,而是缺乏有效的財務管理。多數人收入增加後,生活水準也跟著提高,導致存款毫無起色,甚至出現負債,這就是典型的「收入膨脹」。更嚴重的是,多數人並未察覺自己的錢正以你從未注意的方式,無聲無息地流失:

- ✓ 早晨的一杯咖啡、午後的一罐飲料,各種訂閱服務,甚至幾百元的網購開銷,有時累積下來足以支付一個月的房租。
- ✓ 以為自己在存錢,其實只是帳戶「暫有餘額」,但因缺乏系統性的理財規畫,導致這些錢最後仍不見蹤影。

其實這些問題的根源,在於我們從未真正學習過如何有效管理財務,更未建立一套明確的理財系統。但若你願意正視這些問題,看見改變的可能絕對可期。

這節,我會帶你深入探討以下幾個核心問題:

- ✓ 哪些財務習慣正在拖垮存款?

- ✓ 存不到錢背後真正的盲點是什麼？
- ✓ 如何找到財務漏洞，有效累積資產？

只要你發現、正視這些財務問題，即使收入沒有增加，也能透過有效的規畫與管理來穩定累積資產，讓錢開始為你工作，真正踏上財務自由之路！

## 錢為何留不住？財務漏洞三大致命核心

以下將揭露 3 個最常見且關鍵的財務漏洞，一起來看看自己是否也深陷其中：

### 問題1：你的收入與支出是有計畫的嗎？

試想每個月薪水進帳時，你都怎麼處理？是發薪日就立即存下一筆金額，還是會等月底看看帳戶還剩多少再存？如果你的答案是後者，那麼存款一定難以穩定成長。

根據心理學家的研究指出，人們往往會自動調節生活水準，也就是說當你手頭有錢時，大腦會本能地認為：「我有餘裕可以花錢。」這些不在計畫內的錢，最終一定會被無意識地花掉。最常見的例子，就是年終獎金一發下來後，往往許多人的第一反應不是存錢，而是想著如何犒賞自己。

更嚴重的是，這種行為容易造成惡性循環：「這個月花多了，下個月再存。」結果下個月花得更多，存款永遠不見增加。尤其「這個

月有餘錢先買東西，下個月再存」的念頭，會被「每個月都會有新的欲望」所取代，導致存錢計畫一再落空。

沒有計畫的錢一定會被花光，這行為並非偶然，而是必然。不妨冷靜思考：

- ✓ 是否有主動且明確的存錢計畫，還是等帳戶有餘額再存？
- ✓ 你清楚每個月的支出，是收入的多少占比嗎？
- ✓ 過去的半年，你的帳戶餘額是否原地踏步甚至「倒退嚕」？
- ✓ 如果收入突然歸零，你的生活可以維持多久？

如果你對以上幾個問題感到焦慮，那代表財務管理急需改善。唯有設定明確的收入分配計畫，才能真正掌控財務，而非讓廣告或誘惑替你決定錢的流向。

## 問題2：戶頭中的數字究竟是存款，還是餘額？

許多人以為銀行帳戶裡的餘額，代表自己的存款，但這是一個很大的理財盲點。如果你的存款沒有明確用途和系統性的規畫，非常容易就在不經意間被花掉，根本無法真正累積。

此外，你也可能曾經歷這樣的情況：好不容易存到100萬元，但突如其來的大小意外：車子故障、家人生病、手機或電腦壞損等緊急支出，因為沒有其他的準備金，只好挪用存款，導致帳戶瞬間縮水甚至負債。這就代表你的存款並未真正受到保護，也就是缺乏系統性的管理。

也有一個大家常犯的錯誤：沒有區分存款用途。例如，帳戶裡雖有100萬元，但房租、生活費、信用卡費都從同個帳戶支應，導致數

字持續波動，根本無法清楚掌握真正存了多少錢。長此以往，你甚至誤以為自己的財務狀況良好，卻沒發現實際能留下來的錢少之又少。

真正有效的存款應具備兩個核心特質：

- ✓ 明確用途：例如當作緊急預備金、買房頭期款或退休養老金，如此才能避免隨意動用。
- ✓ 帳戶獨立：不同用途的錢就該分開管理，避免與日常消費混淆不清，才可有效掌握財務狀況。

接著，請你再次誠實問問自己：

- ✓ 是否曾存下一筆錢，但因突發事件又全花掉了？
- ✓ 存款是穩定成長，還是隨時可能被動用？
- ✓ 存款是否明確區分用途？有獨立的緊急預備金帳戶嗎？
- ✓ 如果突然失業，存款足夠支撐生活多久？

只有認真面對這些課題，才能真正存到錢，也才有機會為未來的財務自由奠定堅實基礎。

## 問題3：收入增加，存款卻沒有同步成長？

是否曾有以下經驗：收入明明比過去高出許多，存款卻不見成長？以前月薪5萬元時覺得錢不夠用，後來有了10萬元收入還是覺得錢不夠花……事實上，你正陷入所謂的「收入膨脹」陷阱。

什麼是「收入膨脹」陷阱？簡單來說，就是收入增加後，消費水準也無意識地隨之提高。當你薪資只有3萬元時，可能租1萬元的小套房、吃簡單的食物；但收入增加到10萬元後，你就會開始租5萬元的

高級公寓、吃高檔餐廳、買昂貴手機，甚至時不時安排出國旅遊。的確，你享受了更高品質的生活，但實際情況是財務並未真正改善，存款還有可能因此變得更少。

## 收入增加不等於財富增加

財務自由的關鍵不是賺更多錢，而是有效控制支出。如果你總習慣把收入增加當成提高消費的動能，那麼無論是賺多少錢，存款永遠無法真正累積。

現在，仔細反思：
- ✓ 存款比例是否隨收入增加而提高？
- ✓ 是否習慣賺得多、花更多？
- ✓ 加薪後是否用更多的消費犒賞自己的辛勞？
- ✓ 財務目標是否隨收入增加而調整？
- ✓ 加薪後明知該存更多，卻始終沒做到？

如果你發現自己的確陷入「收入膨脹」的困境，這代表財務管理需要調整，只要有效管理收入，就能讓每一塊錢都發揮最大價值。

接下來，我將教你替自己建立一套簡單明確、易於執行的「4帳戶理財法」，幫助你清晰規畫每筆收入用途，徹底解決「存不到錢」的問題，朝財務自由人生更近一步邁進！

## 03 如何用「4帳戶理財法」實現財富自由？

這一節，我將帶你深入認識一個既具體且實用的財務管理系統「4帳戶理財法」。

這套系統不僅是一種存錢的方法，更是一個從零開始累積財富的完整策略。透過它，你的金錢不再「憑感覺」消失，而是能明確且有效的被規畫，還能快速、穩健地邁向財務自由之路。

### 如何用它解決財務困境？

✓ 存不到錢怎麼辦？
透過「保命帳戶」的建立，你就會擁有一筆明確且受保護的緊急預備金，不再因突發狀況瞬間失去存款。此外，透過「學習帳戶」持續增進投資技能，提升被動收入，如此才可避免陷入「賺再多也存不住」的惡性循環。

✓ 存錢太慢怎麼辦？
利用「保值帳戶」就能穩健保護資產、對抗通膨，維持購買力；善用「高投報帳戶」則可以合理高效的投資策略加速財富累積，幫助你更快達成財務自由的目標。

換言之，這套法則將幫助你：

- ✓ 留得住錢：避免收入無意識流失。
- ✓ 提高存款：藉由學習增加收入來源。
- ✓ 增加資產：利用資產配置保護並穩定累積財富。
- ✓ 加速財富累積：以高投報策略找到財務自由捷徑。

許多人相信，只要認真上班、每個月固定儲蓄，就能穩定累積財富，但現實並非如此，單純靠存錢不僅無法讓你富有，甚至可能導致財務狀況長期停滯不前。其背後原因有三：

- ✓ 存款被通膨吞噬：假設通膨率每年3％，今天的100萬元，20年後的實際購買力恐只剩約50萬元。若把錢存在銀行，微薄的利息根本追不上通膨的速度，也意味著財富不但無法增加還會縮水。
- ✓ 存錢無法快速致富：假設每個月存下1萬元，40年後也只能累積480萬元，完全不足以支應退休後的生活。但如果每個月將這1萬元投資在報酬率約6％的工具中，40年後資產將增長約1,897萬元，是存錢的4倍。可見若沒有投資理財，資產增長的速度將極為有限。
- ✓ 存錢無法財務自由：假如你希望不用工作每個月還能有10萬元被動收入，若年報酬率以5％計算，那麼你需要至少有2,400萬元的本金才能達成。

千萬記住！存錢只是起點，而非終點。

## 如何用它達成財務自由？

這套理財系統包含以下4個帳戶，各司其職、相輔相成。它們能確保你的錢能有效地被存下來，還能穩健、快速增值：

- ✓ 保命帳戶：建立緊急預備金，應對突發狀況避免財務危機。
- ✓ 學習帳戶：投資自己創造更多收入，掌握財富主導權。
- ✓ 保值帳戶：穩健配置資產，確保消費力道不被侵蝕。
- ✓ 高投報帳戶：善用投資策略，加速財富累積。

透過「4帳戶理財法」，你的財務狀況將從混亂變得清晰有條理。尤其學習帳戶特別重要，甚至可說是整個理財系統的關鍵。

### 學習帳戶，理財系統的核心引擎

唯有不斷學習、提升財務能力，就能有效增加收入來源，加速累積保命帳戶；也唯有持續提升你的投資知識與技能，保值帳戶與高投報帳戶才可真正發揮效果，甚至達到資產翻倍的成績。換句話說，如果缺乏學習帳戶，很難觸發其他帳戶運作，就像失去成長引擎，最終將停滯不前。

因此，在深入探討「4帳戶理財法」之前，先帶大家了解每個帳戶各自的定義位與功能，並學會如何讓它們產生協同合作，逐步實現財務自由願景。

## 4帳戶如何運作？

事實上，這4個帳戶就像一個緊密合作的財務團隊，每個帳戶負責不同範疇，穩定累積財富、有效增長財富。

同時，這4個帳戶的設計並非教你單純儲蓄，而是利用財務系統所發揮的穩定性與成長性，確保資產不會因為風險而受影響。

首先，我們先以功能區分4帳戶所屬類別（見表2-11）：

- ✓ 安全型：維持基本生活無虞，不受突如其來的意外而無以為繼。
- ✓ 成長型：掌握投資攻略、降低理財風險，用小錢滾出自己的第一桶金。
- ✓ 防守型：資產保值抗通膨，還能創造出穩定現金流，獲取被動收入。

表2-11　4帳戶功能大不同

| 帳戶名稱 | 主要功能 | 可解決問題 |
| --- | --- | --- |
| 保命帳戶 | 安全型（確保基本生活） | 存不到錢、沒有緊急預備金 |
| 學習帳戶 | 成長型（降低投資風險） | 不知何時該買、該賣，財務管理成效不彰 |
| 保值帳戶 | 防守型（有效對抗通膨） | 資產縮水，沒有穩定現金流與被動收入 |
| 高投報帳戶 | 進攻型（資產加速翻倍） | 錢賺太慢、存太慢 |

✓ 進攻型：加速資產翻倍，賺取超額價差，縮短達成財務自由的時間。

此4帳戶將形成一個「閉環」（閉鎖、能持續運轉的模式），讓你的錢在不同階段發揮最大價值，並確保所有財務計畫都能穩定執行，不會因市場變化或突發狀況而中斷。

接下來，就跟著我用「4帳戶理財法」建構完備的理財系統：

**第一步：用保命帳戶與學習帳戶建構生活安全網**

假設月薪為5萬元，扣除必要生活開支（如房租、交通費、伙食費等）後，每個月還剩3萬元。在此情況下，你的首要功課就是快速建立財務安全感，因此建議將多數資金放入保命帳戶，同時撥出部分資金轉入學習帳戶，投資自己的理財知識與技能，增加未來賺錢的能力（見表2-12）。

在此階段，你該努力的是以工作維持收入，並想方設法累積保命錢，更別忘了要不斷投資自己的「財商」與技能，為下一步做好萬全準備。

表2-12　保命、學習帳戶投資配比

| 帳戶 | 比率 | 實際金額 | 說明 |
| --- | --- | --- | --- |
| 保命帳戶 | 90% | 27,000元 | 備齊緊急預備金 |
| 學習帳戶 | 10% | 3,000元 | 奠基賺錢能力 |

## 第二步：提高學習帳戶比重讓保命帳戶充足無虞

當生活安全網已有堅固穩定的根基，不妨逐步提高學習帳戶的比重至20%，投資對自己而言最有價值、能直接變現的技能。無論是強化對本業薪資有所幫助的專業知識，或是學習有助於增加投資收入的理財技巧，讓原本可能需要1～2年才能準備充裕的保命錢，短短半年內，甚至幾個月內就可達成。尤其當你學習的愈多，提升收入的速度就會愈快，保命帳戶的累積速度也會跟著加快，唯有如此，財務安全感就能提早建立完成。

## 第三步：用保值帳戶與高投報帳戶做好資產增值配置

當保命資金完備，也已利用學習帳戶提升投資能力（若投資能力還沒到位請別急著投資），就能進入下一個階段：將重心逐步轉移至資產增值策略上。此階段的關鍵，就是透過保值帳戶與高投報帳戶兼顧安全性與高報酬的組合，加快財務自由步伐（見表2-13）。

表2-13　保值、高投報帳戶投資配比

| 帳戶 | 比率 | 實際金額 | 說明 |
| --- | --- | --- | --- |
| 保值帳戶 | 90% | 27,000元 | 以防守成長型工具為主 |
| 高投報帳戶 | 10% | 3,000元 | 用小錢賺大錢追翻倍資產 |

此階段的資金配置有以下三大重點：

✓ 穩中求勝，成長增值：將所有資金的90%轉入保值帳戶裡，確

保其能持續增值、穩健累積，為財務自由打下良好根基。
- ✓ 適度冒險，加速財富成長：另配置10%資金至高投報帳戶裡，提高投報率、縮短實現財務自由的進程。
- ✓ 持續學習，精進投資「財商」：建議可額外準備一筆約年薪5～10%的學習預備金，保有投資理財的競爭優勢，進而提高收入上限。

另外，特別提醒手邊資金充足的朋友，不論你有無投資經驗，請先暫緩或停止目前的行動。因為資金多並不代表就能隨意投資，反而更需要謹慎而為之。所以你可以跳過充實保命帳戶，但不能不重視學習帳戶。

事實上，所謂的成功投資並非取決資金多寡，而是策略、風險控管和資產配置是否得宜。此時最重要的就是深入學習，審視自己的投資方法有效與否，確保資產配置和風險管理禁得起意外突襲的考驗。

所以，待保命帳戶固若金湯後，其他3帳戶的配比也該滾動式調整，才能加速財富的累積（見表2-14）。

### 表2-14 學習、保值、高投報帳戶投資配比

| 帳戶 | 比率 | 說明 |
| --- | --- | --- |
| 學習帳戶 | 10% | 學習更有效的策略，強化投資能力 |
| 保值帳戶 | 80% | 以防守型工具為主，確保資產穩定增值 |
| 高投報帳戶 | 10% | 用小錢賺大錢，追求資產快速翻倍 |

透過適時調整、持續精進，你將建立一套高效投資系統，加速財富成長與累積，提早實現財務自由的目標。

總結來說，「4帳戶理財法」提供完整且具體的理財架構，能幫你從根本解決財務問題：

- ✓ **保命帳戶**：財務自由的安全基礎。
- ✓ **學習帳戶**：財富累積的核心引擎。
- ✓ **保值帳戶**：對抗通膨的資產堡壘。
- ✓ **高投報帳戶**：資產翻倍的最佳工具。

這4個帳戶彼此環環相扣、不可或缺，構築成一套完整的財務系統，有效避開常見的理財盲點，像是有錢卻存不住、存錢卻賺不到更多、會投資卻忽略風險，以及只守不攻錯失資產翻倍的機會。

接下來，我就帶你一起了解每個帳戶究竟如何操作，才能真正掌握財富主導權，讓財務自由從遙不可及的夢想，一步步成為可實現的目標。

Chapter 03

# 「4帳戶理財法」
# 第一式：穩住保命帳戶

保命帳戶，顧名思義就是在面對意外或緊急事故時，能從容應對，確保自己與家人享有穩定、安心的財務環境。

保命帳戶是財務安全的底線，千萬別為了短期利益而破壞這層防護罩。

尤其，有了穩定、堅實的保命帳戶，才有資格追求更大的財務夢想。

## 01 別拿保命錢投資

　　記得有次，我受邀到新竹一家知名科技公司演講。結束後，一位同仁面帶微笑緩緩走向我，和藹可親的臉上，卻在眉宇間藏了一絲焦慮與疑惑。

　　她輕聲問我：「大仁老師，剛聽完你的分享，有個疑問想請教。我現在快要退休了，手上有筆150萬元的存款，是用來作為緊急預備金。可是放在銀行利息實在太低，我能不能把這筆錢拿去投資股票或基金，多少賺點錢呢？」

　　我笑著問她：「阿姨，這緊急預備金妳想用來做什麼呢？」

　　她回答：「比如生病或有意外發生時用來應急的。」

　　我點了點頭：「那妳拿這筆錢投入股票、基金，若遇上市場突然下跌30%以上，而這時又急需用錢，妳該怎麼辦？」

　　阿姨愣了一下，語帶無奈地說：「那我只能認賠賣掉，或向孩子借錢應急了……」

　　其實阿姨的狀況讓我想起一位學員阿偉。他的收入不穩定，手上存有一筆緊急預備金，但他也覺得放銀行利息太低，所以疫情期間看到當時最熱門的生技股不斷上漲，就把這筆保命錢全投入股市。

　　一開始，他的投資看似順利，資產還一度增加了10%，但疫情趨緩後市場熱潮退去，生技股連幾年暴跌80%。雪上加霜的是，2025年

他不幸出了車禍，急需醫療費，但保命錢全數套牢，無法及時變現，最後，只能去借高利貸，陷入更大財務危機……

有鑑於此，阿偉痛定思痛，重新建立保命帳戶，每個月一拿到薪水就提撥固定比例放入專戶，也不再拿這筆錢做任何具風險的投資。聽到這裡阿姨恍然大悟：「所以保命帳戶是用來應急的，而非投資。」

事實上，這樣的故事並不少見。許多投資新手往往急著追求高報酬，連基本的保命帳戶都沒建立，就把每個月的薪水全投入股票、基金、買預售屋、做當沖，甚至買了高風險的槓桿商品。一旦遇上突發狀況，反而得承受更大的財務損失。

### 先保命，再談投資

因此，我常提醒學員：「保命帳戶裡的錢不是用來投資的！它是你的後盾、你的安全感來源，無論發生什麼突發狀況，都不會影響原有的財務計畫。」保命帳戶的用意，就是讓你在面對意外與緊急事故時，能從容應對，確保自己及家人擁有一個穩定、安心的財務環境。

千萬記住！保命帳戶是你財務安全的底線，不要為了短期利益而破壞這道防護罩。有了穩定的保命帳戶，你才有資格去追求更大的財務自由。

## 02 保命錢，這樣存

保命帳戶，是所有財務規畫中最重要的根基，沒有它，談論其他理財策略都是枉然。保命帳戶主要包含兩個部分：緊急預備金與生活預備金。

*保命帳戶：6個月緊急預備金＋6個月生活預備金*

### 該存多少保命金？

假設你每個月的固定支出為5萬元，那麼保命帳戶就該存足5萬元×（6個月＋6個月）=60萬元。其中6個月的緊急預備金主要用來應付突發狀況，另外6個月的生活預備金，則是用來維持日常生活開銷。

不過上述策略，仍需依個人實際情況適度地調整帳戶內金額，如果平時收入不穩定，家裡有子女、長輩需照顧者，建議至少要準備12～24個月的保命金，才能維持安全、穩定的生活。

「4帳戶理財法」第一式：穩住保命帳戶

## 如何管理保命帳戶？

每個月薪水入帳後，請先扣除必要支出，然後將剩餘金額的90%，設定自動轉帳到保命帳戶。如此「先存後花」的方式，可以確保這筆錢不會輕易被動用，能有效累積「緊急預備金」與「生活預備金」，穩固財務基礎，安心面對未來各種不確定的狀況。

### 表3-2 保命帳戶須符合三大要素

| | |
|---|---|
| 專款專用 | 獨立銀行帳戶、不得與其他資金混用。務必嚴格執行，避免緊急時刻資金不足的窘境。 |
| 高變現性 | 帳戶內資金必須隨時可動用、能快速贖回。別拿去購買儲蓄險，因為急需時提前解約只能領回本金的7～8成，造成巨大損失。 |
| 低波動、保本 | 別拿來購買股票、基金、ETF、儲蓄險、債券、房地產或預售屋賺取報酬，更不可用於當沖或高槓桿交易。否則急需資金時，得承擔認賠出售或巨額違約金風險，得不償失。 |

建議可使用台幣定存方式管理保命帳戶，但別將整筆資金一次存入同一個定存帳戶，否則當遇到緊急情況需提前解約時，就會損失原本已累積的利息，甚至得將已領利息退給銀行。

✓ 正確的做法：「分批」、「分額度」與「分功能」小額定存。

- ✓ 為何這麼做：急用時，只需提前解約其中一筆，不但其他定存帳戶不受影響，也可繼續累積利息。
- ✓ 實際操作：假設保命帳戶裡有 30 萬元，可將其拆分為 3 筆、每筆 10 萬元，個別設定不同到期日。

透過上述策略，不但能同時保有資金的高度流動性，還可最大化利息收益，真正做到資金安全、靈活使用，有效守護保命資金。

此外，保命帳戶裡的金額又該如何配比（見圖 3-1）？

1. 生活預備金（30 萬元）：
   - ✓ 3 個月生活費（15 萬元）：可放活存帳戶，以利隨時使用。
   - ✓ 3 個月生活費（15 萬元）：可放短期定存（1～3 個月），既能維持流動性又能取得較佳利息。

2. 緊急預備金（30 萬元）：
   - ✓ 拆成多個小額定存，並採不同存期組合（1 年期以上）。
   - ✓ 舉例：將 30 萬元拆成 3 筆、每筆 10 萬元。若遇緊急情況只需動用 8 萬元，那麼只要提前解約其中一筆定存即可。其他兩筆仍可持續賺取利息。

善用以上配置，保命帳戶將具高度流動性，且能兼顧資金效率與利息最大化。

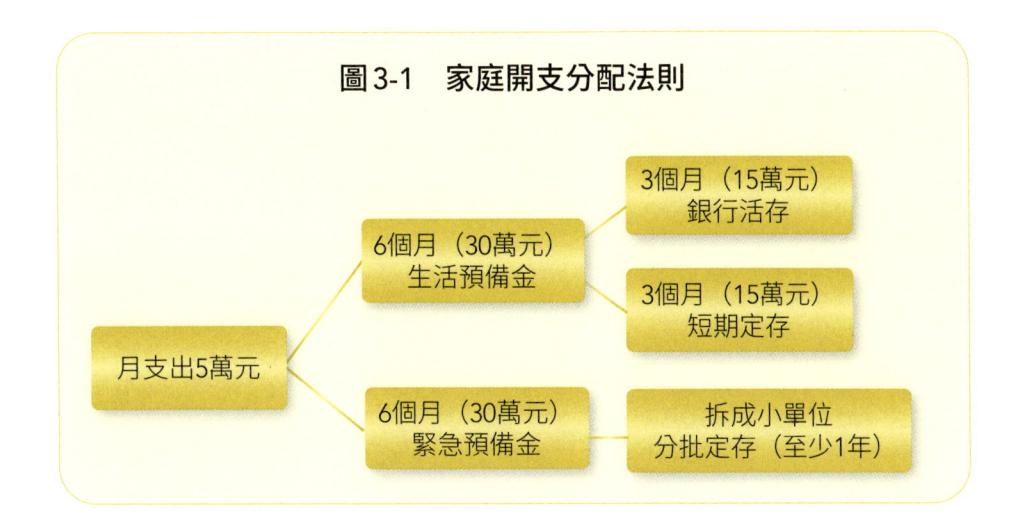

# 「4帳戶理財法」第一式：穩住保命帳戶

## 圖3-1 家庭開支分配法則

```
月支出5萬元 ─┬─ 6個月（30萬元）生活預備金 ─┬─ 3個月（15萬元）銀行活存
            │                              └─ 3個月（15萬元）短期定存
            └─ 6個月（30萬元）緊急預備金 ─── 拆成小單位分批定存（至少1年）
```

　　最後，再次提醒！保命帳戶的金額與配置方式，應依照你的個人收支及家庭狀況定期的檢視與調整。若開銷、收入或財務狀況發生變化，建議要重新計算並更新保命帳戶的資金規模與分配方式，如此才能確保財務安全與生活穩定。

## 03 記帳不用一輩子，3個月就夠了！

許多人學理財，第一步就是從記帳做起，我也曾經如此。剛接觸理財時，每天認真記錄每筆支出，以為管控好就能變有錢，但半年後就放棄了！後來我明白：「記帳不會變有錢，只能告訴你錢究竟花在哪。」透過短期（如3個月）紀錄，就能找出消費習慣與財務漏洞。當清楚金錢流向，就能避免浪費、提升財務效率。如果你經常感到錢莫名消失，建議認真記帳3個月以釐清支出情況。

這短暫的3個月記帳，將幫助你明確發現：

- ✓ 哪些是必要支出。
- ✓ 哪些是不經意的浪費。
- ✓ 哪些支出可立即調整甚至刪減。

### 記帳3個月，搞清楚錢跑去哪

許多人會抗拒記帳，誤以為這麼做就是摳門省錢，其實真正目的，是讓你清楚看見錢的流向，找出不經意浪費之處，重新掌控財務。基本上，你不必一輩子記帳，只需要3個月即可有效改善財務狀況。

### 第一步：挑選簡單易執行且適合自己的記帳工具

以下提供3種方式：

- ✓ 手機記帳App（推薦給數位族群）。
- ✓ 紙本記帳（適合喜歡手寫的族群）。
- ✓ Excel／Google試算表（適合習慣電腦操作的人）。

無論哪一種，重點就是挑一個你能夠「每天堅持」的記帳方式，其關鍵就是「簡單易執行」！

### 第二步：依「3個月記帳法」循序漸進

- ✓ 第一個月：不需刻意省錢，忠實記錄每筆支出，目的是為了看清日常生活中既有的消費習慣。
- ✓ 第二個月：將支出做分類（如：飲食、交通、娛樂、訂閱等），找出問題所在，覺察、辨識自己的消費模式，以利後續消費模式的調整。
- ✓ 第三個月：「消費優化」，不盲目省錢，而是讓每一分錢花得更值得。

此步驟的重點在於找出2～3個可調整的支出（例如減少無用的影音訂閱或不必要的飲料零食花費），將省下的錢重新配置到更重要的財務目標，像是保命帳戶或學習帳戶。

### 第三步：3個月後執行財務總體檢

3個月後，抽出1小時進行一次財務總體檢，並思考以下3個關鍵

問題：

- ✓ 哪個類別的支出占比最高？這些花費真的值得嗎？也別忘了思考替代方案，例如飲食若為占比最多的支出，可嘗試改以更經濟、健康的飲食方式取代。
- ✓ 哪些錢花得不知不覺？有時候那些看似小錢的支出，如訂閱服務、網購或日常零食飲料等，累積起來可能金額驚人。妥善管理這些花費，就能迅速改善財務狀況。
- ✓ 哪些支出可以調整，讓財務變得更健康？像是減少不必要的聚餐或衝動性購物，將省下的錢投入保命帳戶或學習帳戶，這樣的調整不會犧牲太多生活品質，卻能顯著改善財務狀況。

若仍感到手中金流難以掌控，不必灰心，只需再進行一次「3個月記帳法」，就能更有意識地調整開銷，尤其別忘了堅持下去，終能有效達成目標。

要記住！記帳的真正價值並非節省，而是深入理解消費習慣、有效掌控金流，讓每筆花費更有效率，進而改善財務與人生。

# 04 存不到保命錢，該怎辦？

　　某次演講，有位媽媽舉手提問。當時她語氣無奈地說：「大仁老師，我的女兒每個月的薪水不到5萬元，要她存錢，卻總是以『某知名企業家說月薪5萬元以下不要存錢』的理由搪塞，所以每個月都把薪水花在朋友聚餐、旅遊等這些吃喝玩樂上，工作至今已有10年，但幾乎沒有任何存款⋯⋯」

　　媽媽停頓了一下，接著搖頭苦笑說：「更誇張的是，她還理直氣壯地告訴我『錢沒有不見，只是變成自己喜歡的樣子』⋯⋯」聽到這句話，我也忍不住跟著笑了。

　　事實上，女兒所提到的那位企業家，之所以說出那句話的原本用意並非鼓勵大家不要存錢，而是提醒一個重要觀念：當收入不高時，單純靠存錢的效果不佳，應該要更積極地做好開源與節流。但很明顯的，女兒誤會了這句話背後真正的意涵，導致多年來身陷「月光光，心不慌」的輪迴。

　　為何有這麼多人始終存不到錢？他們的理財觀念和方法，究竟哪裡出了問題？又該如何做才能徹底撕掉「月光族」標籤，進而邁向致富人生？

## 理財新手常見的3個盲點

存不到錢的原因，往往有以下3個盲點，接下來就教大家該如何一一擊破，踏出財務自由的第一步。

**盲點1：用窮人思維存錢**

窮人存錢法：收入－生活支出＝儲蓄

這種方式看似合情合理，但實際上每個月總有突發況狀或無預期的零星開銷，最終導致存款極度不穩，甚至歸零變成「月光族」。

有錢人存錢法：收入－固定支出－儲蓄＝非必要支出

所謂的固定必要支出，包括：房貸、房租、水電瓦斯、交通費、基本飲食等。而非必要支出，則有：娛樂、旅遊、吃大餐、看電影、衝動購物等。

有錢人存錢法的好處有以下3點：
- ✓ 確保每個月能穩定存下一筆錢。
- ✓ 強迫自己在設定好的預算內生活，避免無意識的衝動消費。
- ✓ 培養良好的存錢習慣，讓存錢不再成為額外的壓力，而是日常的規律。

「4帳戶理財法」 第一式：穩住保命帳戶

千萬記住：先存錢再花錢，而非花完錢，再存錢！

### 盲點2：財務漏洞視而不見

你真的清楚自己的錢都花去哪兒了嗎？很多人以為自己沒有亂花錢，卻常在無意識中浪費錢。像是每天的飲料、零食、小額網購或訂閱服務等，這些看似不起眼的開銷，累積起來相當驚人。建議透過「3個月記帳法」找出財務漏洞，接著做出調整。不要小看這些細節，如果能徹底執行，每月將能省下可觀的金額。

### 盲點3：不是花太多，而是賺太少

很多人以為存不到錢的關鍵原因是花太多，但真正核心問題是：賺太少。學會有效開源，真正改變自己的收入結構，才有機會迅速累積本金，踏上財務自由的道路。

## 三大策略教你開源

1. **提升本業收入**：對大多數人來說，最穩定的收入來源就是本業薪資。如果你希望財務狀況有所改善，那就先想想如何在現有職場提升收入。
   - ✓ 爭取加薪：很多人覺得薪水是老闆決定的，但其實多數公司都有「薪資評估機制」，如果你能證明自己的價值，加薪的機會就會提高。
   - ✓ 提升價值：學習專業技能、考取相關證照，抑或是增加職場

- 「軟實力」,像是簡報能力、談判技巧、團隊管理等,這些都能讓你在職場更具競爭力。
  - ✓ 換高薪工作:如果所處產業薪資停滯不前,不妨考慮轉入高薪產業。
2. 開發副業收入:選擇可累積、複製的副業(如自媒體、聯盟行銷、線上課程、高單價顧問服務、電商等),避免「用時間換錢」(如跑外送、打零工等)的兼差,建立長期現金流。
3. 投資收入:及早建立現金流,加速財富成長,不要等存到大筆資金才開始投資,因為投資應與賺錢、存錢同步進行。愈早開始投資,愈能享受複利效果,加速資產成長。

真正的財務自由不只是賺更多的錢,更重要的是要創造「持續性現金流」。透過以上三大開源策略,相信將幫助你更快擺脫「月光族」的宿命,穩步邁向財務自由。

Chapter 04

# 「4帳戶理財法」
# 第二式：投資學習帳戶

如果你跟我一樣，沒有富爸爸、富媽媽，也沒有顯赫背景，內心卻有一股強烈渴望：想盡快實現財務自由，不再受薪水所綑綁，擁有更多的人生選擇權⋯⋯那麼，就絕不能再靠過去的傳統方式賺錢，因為那只能為你帶來原本就有的收入。

你需要培養新的能力，才能賺到新的錢，而這個能力就是：「財商」。

## 01 成為有錢人的關鍵秘密

你或許聽過:「誰都賺不到你自己認知範圍以外的錢。」簡單來說,收入無法提升的真正原因,不是努力不足或運氣不好,而是你對財富、投資和資產運作的理解有限。

想要打破收入瓶頸,就必須持續拓展自己的認知。當你打開視野後,就能發現過去曾忽略的財富機會,並擁有駕馭、快速增長收入與資產的能力。

而這些,正是建立學習帳戶的核心價值。

學習帳戶不僅幫助你獲取新知,更能系統化地管理財務決策、降低風險、提高成功率,從而開拓人生的可能性。不妨觀察那些成功且富有的人,他們從未停止學習,尤其他們不斷設法突破自己的認知邊界。例如:

- ✓ 「股神」巴菲特(Warren Buffett):至今仍每天堅持大量閱讀、持續學習,進而掌握市場趨勢。
- ✓ 特斯拉(TSLA-US)執行長馬斯克(Elon Musk):從金融界跨入電動車、太空科技與AI領域,不斷擴展學習範圍。
- ✓ 財經專家謝金河:大量閱讀財經資訊,深知持續學習與洞察的重要。

# 「4帳戶理財法」 第二式：投資學習帳戶

也就是說，真正富有的人總能提早洞察市場脈動，並理性、有系統地抓住任何投資機會。回顧過去幾十年，無論是股票、房地產或加密貨幣，每個時代都有新的投資機會出現，一切的關鍵在於你能否持續學習、提前掌握趨勢。

不妨從現在起，開始建立屬於自己的學習帳戶，提升財務認知。關鍵不在於你目前的資金究竟有多少，而是在於你願不願意跨出舒適圈持續學習。

每個財務自由的成功者，都曾經從零開始，但他們願意持續投入學習，運用知識創造巨大財富。

所以，請誠實地問自己：

✓ 準備好踏出這一步，升級你的財務人生嗎？
✓ 你願意持續學習，掌握財富趨勢，打造一個未來會感謝你的自己嗎？

財務自由的高度，取決於你的認知廣度。現在，就是你做出改變的最佳時機。

## 學習帳戶為何如此重要？

簡單來說，學習帳戶就是每個月固定提撥10%的收入，專門用來投資自己理財的知識與能力。我喜歡稱它為「富人預備金」，這筆錢不是用來消費，而是能讓你未來賺更多錢的工具。

為了確保你的財務持續成長，學習預備金應有合理上限。我建議將年薪的5～10%提撥做為學習預備金。

- ✓ 年薪低於100萬元：至少撥10%做為學習預備金。此收入代表賺錢能力尚有極大的成長空間，應優先投資自己，提升「財商」與專業能力，加速財務成長。
- ✓ 年薪超過300萬元：至少撥出5%做為學習預備金，如此可確保自己持續優化投資與資產配置，讓收入再創新高。

許多人都希望財務倍增，但若「財商」沒有相對提升，就算有再多資金也未必能守住或放大。這就是為什麼建立學習帳戶如此重要，因為它能幫助你獲得高價值的財務知識，進而做出聰明的資產配置，讓錢為你工作，而不是一輩子依賴薪水過活。

## 如何讓錢幫你工作？

以下為建構學習帳戶的3目標，將帶你從「依賴薪水收入模式」升級為「讓錢為你工作模式」。

**學習目標1：提升主動收入（讓市場願意支付你更高薪資）**

為何有些人的薪資總能快速成長，多數人卻停滯不前？原因其實很簡單，大部分人的收入都被工作時間所限制，他們用時間換錢，而非用結果和能力換錢。若想打破這種限制，就得透過持續學習提升專業價值並創造結果，讓市場願意為你的技能與影響力付出更高報酬。

但要學習哪些技能，才可增加主動收入？不妨掌握下列3個精進要點：

- ✓ 優化專業技能：從「會做」到成為「專家」。假如你是行銷人，不要只懂基本操作，還要懂數據分析與廣告優化，晉升成能帶領團隊的主管，薪資就能從5萬元提高到8萬元以上。假如你是工程師，不要滿足於會寫程式，還要深入學習架構設計、系統整合或創新技術，如此才有機會成為年薪200萬元以上的資深工程師或技術總監。
- ✓ 具備談判與溝通技巧：同等條件下，善於談判、溝通的人薪資普遍較高，約莫高出20～30%。
- ✓ 養成「槓桿思維」：即善用外部資源（如人脈、工具、平台或技術），達到以少搏多的效果。若你總是獨自努力，價值將受限於個人的能力與時間；當你學會運用槓桿，便能輕鬆達成目標，迅速提升職場競爭力。

## 學習目標2：提升投資收入（讓錢替你工作）

如果你認為僅靠提升主動收入就能達到財富自由，結果可能會讓你失望。因為財富自由的關鍵並非收入多少，而是能否懂得如何讓錢替你工作。

許多人收入不錯，但工作多年仍然無法累積財富，甚至負債累累。這並非代表他們不努力，而是缺乏正確的理財觀念，無法將收入有效轉化成資產。

投資是一門科學，而不是賭博，必須掌握有效策略，以低風險實現高投報，這才是投資高手與新手的區別。

- ✓ 投資新手：經常期待「無腦投資、無腦跟單」與「穩賺不賠」，缺乏風險控管，容易衝動進場，結果常被套牢或虧損離場。
- ✓ 投資高手：清楚市場漲跌，並透過完善策略有效達到「大賺小賠」，尤其懂得何時進場、出場，善於管控風險。

簡單來說，當你具備「財商」：
- ✓ 就算本金不大，也能靠正確的投資策略讓財富快速增值。
- ✓ 知道什麼時候該買進、什麼時候該賣出。
- ✓ 懂得有效控制風險，避免無謂虧損。

相反地，當你缺乏「財商」：
- ✓ 就算本金再多，也可能因為投資錯誤而賠個精光。
- ✓ 經常被套牢，無法靈活操作。
- ✓ 投資行為像賭博般純粹靠運氣，毫無策略可言。

「財商」並非天生，而是後天可以培養的能力。之所以要建立學習帳戶，就是為了幫助你從靠時間與勞力換取金錢，轉而讓錢替你工作。提升「財商」、有效掌握投資策略，就能真正實現理想財務模式。

## 學習目標3：避免財務誤區（落入詐騙陷阱）

你是否曾經遇到或聽過這些常見的財務陷阱？
- ✓ 聲稱「穩賺不賠」的投資（市場上沒有這回事）。
- ✓ All In 重壓投資（這是賭博，不是投資）。
- ✓ 無腦跟單，不做研究（高機率成為市場「接盤俠」）。

真正的財務自由，需透過持續學習、有效風險管理和穩健投資策略，而非單純靠運氣或投機。當你懂得避開虧損地雷，自然就能穩定累積資產。

## 你是有錢人，還是一般人？

為什麼有些人年薪百萬卻總是存不到錢，有些人收入不高，卻能夠財務自由？其實這兩者的真正差異並不是收入的多寡，而是有沒有具備FQ。

台灣傳統教育中，學校重視的是IQ（Intelligenzquotient，智商），強調高學歷。可當你踏入職場後，不但會發現IQ不足夠，更需要有EQ（Emotional Intelligence Quotient，情商），像是溝通技巧、人際關係管理等，畢竟擁有這些技能，才能在險惡職場中順利走跳。

然而，即便同時擁有高IQ與EQ，也未必能改善財務狀況，真正能決定你財務高度的就是FQ。

### 「財商」：讓小錢變大錢、從沒錢變有錢的密技！

IQ讓你變聰明、EQ讓你受歡迎，但只有FQ能幫你累積財富，實現財務自由。

然而，這樣重要的能力學校卻從來沒教過。你上過數學、會計、微積分，但沒學過如何有效管理金錢、創造被動收入或利用財務槓桿翻倍財富。這也就是為什麼很多人即使薪水很高，卻依然無法脫離為

錢工作的命運。

- ✓ 沒有FQ，縱然IQ和EQ再高，也可能只是高智商、高情商的窮人。
- ✓ 有了FQ，即使背景、學歷一般，仍能透過正確理財，一步步達到財務自由。

FQ能幫你看懂金錢的遊戲規則，讓錢愈來愈多。真正重要的並非你現在擁有多少資金，而是你是否具備足夠的FQ來管理和投資自己的錢（見表4-1）。

表4-1　一般人與有錢人的差別

|  | 沒「財商」（一般人） | 有「財商」（有錢人） |
|---|---|---|
| 收入來源 | 單一收入<br>（薪水） | 多元收入<br>（薪水＋投資＋被動收入） |
| 儲錢觀念 | 先消費，再存錢 | 先存錢，再消費 |
| 投資信念 | 忽略風險，害怕投資 | 控制風險、善用槓桿 |
| 支出習慣 | 買負債<br>（車貸、房貸、卡費） | 買資產<br>（花錢投資增加現金流） |
| 財務目標 | 只關心每月短期開銷 | 不依賴薪水就能生活 |
| 學習態度 | 從不學習、放棄學習 | 主動學習，學後變現 |

如果，你跟我一樣沒有富爸爸、富媽媽，也沒有顯赫的家世背景，只是個再平凡不過的普通人，但內心卻渴望實現財務自由，不願再受薪水綑綁，想找回更多的人生選擇權、主導權，那麼，你絕對不能只靠過去的方式賺錢，你需要培養新的能力，才能賺到新的錢，而這個能力就是「財商」。

## 02 想有被動收入？先專注賺第一桶金

許多人剛開始投資時，因不懂學習、缺乏「財商」，所以對於被動收入有很深的誤解，總幻想著睡個覺就有錢進來，或以為靠股息、租金就能實現財務自由。然而，這樣的思維往往導致財務計畫失敗，甚至讓自己掉入投資詐騙陷阱裡。

### 先累積第一桶金，再談被動收入

我們就來算一算多少本金能帶來多少的被動收入：

- ✓ 本金10萬元、年配息5％＝被動收入5,000元，這對財務狀況沒有實質幫助。
- ✓ 本金1,000萬元、年配息5％＝被動收入50萬元，至少可以支撐基本生活開銷。

上面計算公式點出一個關鍵盲點：當本金不多，過度專注於被動收入根本無法改變財務狀況！也就是說，許多人把重心放在領息、租金等被動收入，卻忽略了最重要的財務成長順序。真正的財務成長順序應該是：先累積第一桶金，再談被動收入。

假設本金只有100萬元，即使每年有5％投資報酬率，一年也只有

5萬元被動收入，這筆金額離理想中的財務自由還很遠。

- ✓ 錯誤做法：本金還很少時，便把所有資源投入低成效的被動收入投資工具中，結果就是每年獲得的收入微乎其微，導致財務成長速度緩慢。
- ✓ 正確做法：應先專注於提高本金規模，透過高效投資和資產增長方式，加快財富累積速度。

與其過早追求微薄的被動收入，不如先努力放大本金規模，才能驅動被動收入，成為改變未來生活的強大力量。

## 第一桶金該有多少？

過去普遍將第一桶金的門檻設為新台幣100萬元，但隨近年通膨加劇、物價飛漲，此金額已明顯不足。如今100萬元僅能作為基本緊急預備金，卻難以支應創業或有效投資。

*第一桶金 = 300萬元*

高通膨時代，第一桶金應定為300萬元（約10萬美元），這不僅是多數銀行設定VIP客戶的基本門檻，更代表已具備足夠財務彈性支付生活和突發狀況，也能將部分資金用於創業或投入高效投資市場，啟動真正的資產增值與循環。

## 如何加速賺到第一桶金？

你可以靠斜槓、發展副業或兼差來增加收入，但靠時間和體力換取金錢的方式並非長久之計。因為：

- ✓ 時間有限：每天只有24小時，若停止工作收入馬上中斷。
- ✓ 勞力成本高：年齡增長體力下降，這種賺錢方式無法長久。
- ✓ 收入天花板：即便一天做3份工作，收入仍有上限。

真正聰明的做法是：學會投資，讓錢替你工作。

或許你會問：「投資不是有風險嗎？怎樣才能穩健又可快速累積財富？」接下來，我就要跟你分享有錢人常用的投資密技「槓鈴策略」（Barbell Strategy）。

所謂的「槓鈴策略」，就是透過「極端防守」與「極端進攻」的雙重布局，讓你在安全保本的同時，也能快速增加財富，累積到第一桶金。

或許這個策略聽起來有些陌生，但它的原理其實非常簡單，就是一種極端化的資產配置方法。

具體來說，「槓鈴策略」的核心概念，就是將資金明確地切成兩部分（見表4-2）：

- ✓ 90%用於「極端防守」操作風險極低的投資，例如定存、公債或保本型商品，確保本金安全，又有被動收入。
- ✓ 10%用於「極端進攻」：追求較高風險但能帶來巨大回報的投資，例如用資金買賣個股、加密貨幣，抑或用來創業、購買房地產等。

「槓鈴策略」的特點，就是完全避開「中等風險」的投資標的，因為「中等風險」投資方式常會呈現不上不下的狀態，也就是漲幅不高、跌了卻沒保護力，導致收益有限，風險卻沒有因此而降低。

### 表4-2　「槓鈴策略」原理

| 操作占比 | 操作特性 |
| --- | --- |
| 90%資金<br>「極端防守」 | 低波動、無槓桿操作、追求低回報。主要目標為守住本金，賺取些許被動收入。 |
| 10%資金<br>「極端進攻」 | 高波動、高槓桿操作、追求高回報。主要目標為賺取翻倍資金與大額價差。 |

90%「極端防守」
低波動、低回報

10%「極端進攻」
高波動、高回報

不投資
中波動、中報酬

你一定好奇，為什麼要用這種「兩端極端」的方式投資？因為透過「槓鈴策略」，你的資產將擁有真正的「反脆弱」特性（見表4-3）：

✓ 特性一：發生金融危機（如2008年金融海嘯、2020年疫情股災）時，「極端防守」（90%資金）能保障資產安全，避免承受巨大虧損，維持生活穩定性。

- ✓ 特性二：市場快速回升或行情轉好時，「極端進攻」（10%資產）能掌握巨大獲利空間，讓收益大幅提高。

換句話說，「槓鈴策略」能做到：賺錢無上限、賠錢有下限。

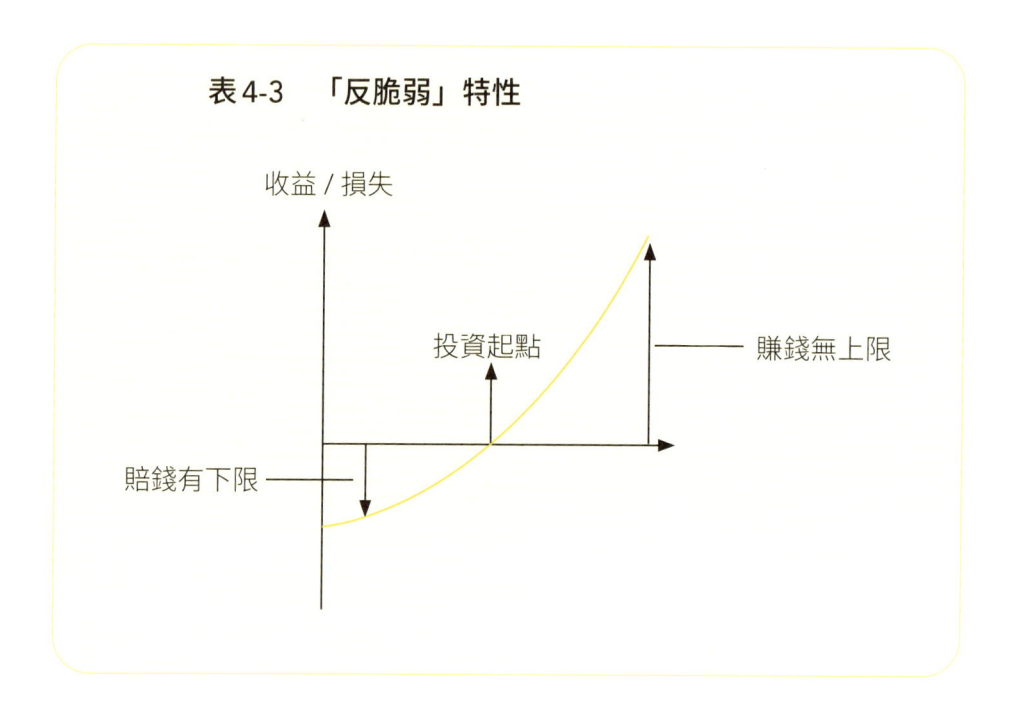

**表4-3 「反脆弱」特性**

這樣一來，你的投資組合才能具備真正的「反脆弱」特性，得以在動盪市場中穩定前進，達成有效且安心的財富增長。

## 有錢人不用「中波動、中報酬」投資法

或許有些人聽到「槓鈴策略」會覺得奇怪:「為什麼一定要這麼極端?不能選擇中庸、風險中等、報酬率適中的投資方式嗎?」

確實有很多人習慣把錢放在像股票、基金、ETF這種「中波動、中報酬」的投資產品上,覺得每年穩穩拿到6〜8%報酬好像不錯。但真正的有錢人不會碰這種「中階」投資工具,因為這類投資產品有兩大致命問題(見表4-4):

✓ 抗跌能力差,遇「黑天鵝」容易重傷:

中等波動、中等報酬的投資產品只要碰上一次金融危機(如2008金融海嘯、2020新冠疫情),市場瞬間暴跌30〜50%,這種「一次性重傷」會把你過去數年的努力通通抹去,甚至讓你退回原點,賠掉本金。

✓ 賺錢有上限,賠錢卻沒有下限:

這種中等報酬投資工具,光景好時投報率也只有6〜8%,財富累積速度太慢,但遇市場巨幅波動時,虧損卻沒有下限,甚至有可能一夜之間損失數十年來辛苦累積的資金,必須再花好幾年慢慢回填。

## 表4-4 中波動、中報酬特性

收益 / 損失

投資起點

賺錢有上限

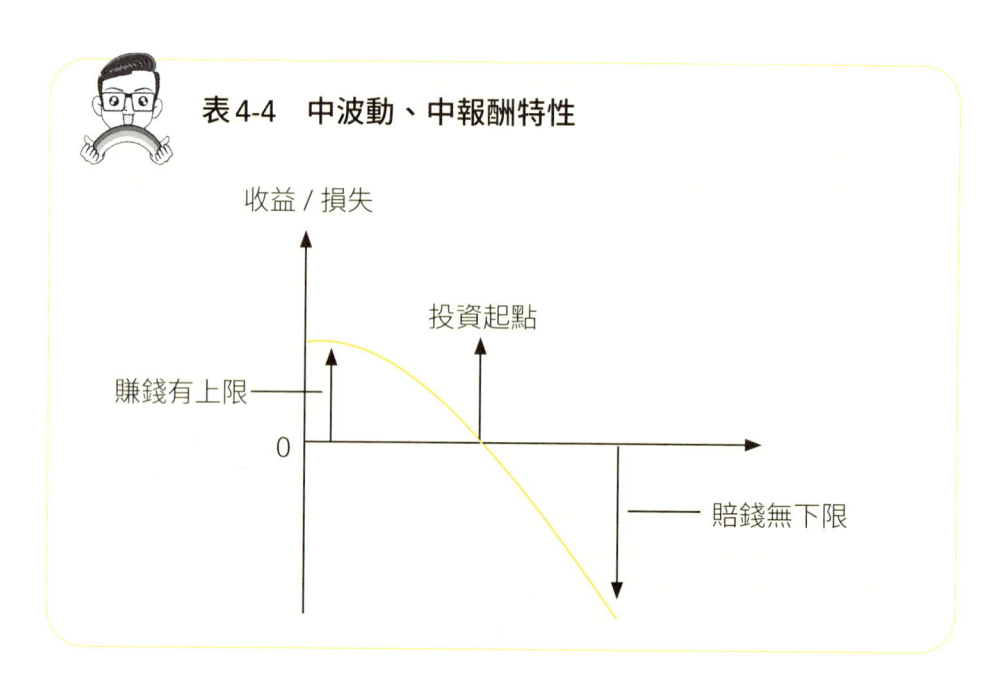

賠錢無下限

所以，有錢人會避免「中波動、中報酬」投資標的，並運用「槓鈴策略」，守成同時也能抓住高成長機會，擴大資產規模（見表4-5）。

## 表4-5 「槓鈴策略」高、中、低階比較

|  | 風險 | 年投報率 | 目的 |
| --- | --- | --- | --- |
| 低波動、不槓桿、低回報（90%防守） | 低 | 4～6% | 守住本金<br>賺取被動收入 |
| 中波動、中報酬<br>（別投資） | 中 | 6～8% | 無法抗跌<br>投報率普通 |
| 高波動、高槓桿、高回報（10%進攻） | 高 | 30～500%以上 | 資產翻倍<br>賺超額價差 |

透過「極端防守」與「極端進攻」的資產配置，能真正做到：

✓ 市場大跌時，資產不受影響，有足夠資金與信心度過困境。

✓ 市場大漲時，資產能快速倍增，突破財富瓶頸。

真正做到能「反脆弱」的財富管理，唯有善用「槓鈴策略」。

## 如何透過「槓鈴策略」加速累積第一桶金？

許多人以為，只要穩定投資中波動、年報酬率約6～8%的資產（如基金、ETF或個股），就能快速累積到人生的第一桶金。

然而，若以複利計算，即使每年投報率維持6%，也需要19年才能實現從100萬元變成300萬元的目標。也就是說，花了19年只完成財富成長的第一步，財務自由的門檻仍遙不可及。

**表4-6　投資小白如何賺第一桶金？**

| 本金 100 萬元 | 年投報率 | 累積至 300 萬元所需時間 |
|---|---|---|
| 中波動、中報酬資產 | 6～8% | 15～19 年 |

從表4-6可看出以下問題：

✓ 時間成本過高：得花15～19年才能有第一桶金。

- ✓ 無法抗跌：市場崩盤時，中等風險資產仍會下跌 30～50%。
- ✓ 投報率不上不下：市場熱時無法賺取更高報酬；市場下跌時，卻得面臨不小虧損。

也就是說，這樣的投資方法是「脆弱的」，只要遇上一次「黑天鵝」，便無法達成「反脆弱」投資。

表 4-7　富人如何用「槓鈴策略」賺第一桶金？

| | 資金配置 | 年投報率 | 累積至 300 萬元所需時間 |
|---|---|---|---|
| 防守型資產 | 90 萬元 | 4～6% | 約 3～5 年 |
| 進攻型資產 | 10 萬元 | 30～500% | |

從表4-7可見，利用「槓鈴策略」僅需約3～5年，就有非常高的機率賺得第一桶金且同時具備以下三大特質：

- ✓ 獲利範圍極大：扣掉極端值後平均計算之獲利預估如下：
  - ・3年後：資產約達260萬元。
  - ・4年後：資產可突破500萬元。
  - ・5年後：資產有機會達1,091萬元。
- ✓ 穩中求勝，守住本金：若10%「進攻型資產」全虧光，你的90%「防守型資產」依然能穩健成長。且5年後，你的「防守

型資產」仍有 110～120 萬元，本金安全，甚至小幅獲利。這意味著最壞情境下，你能保本立於不敗之地。
- ✓ 賺錢無限，賠錢有限：90%「防守型資產」提供穩定現金流，即使面對市場波動仍保有增長可能；10%「進攻型資產」則用以追求超額投報，讓財富實現「非線性」高度成長。

## 「槓鈴策略」精髓：掌握防守與進攻思維

或許有些人聽到「槓鈴策略」的第一個反應會是：「這樣投資會不會很危險？萬一虧光怎麼辦？」其實，這是對「槓鈴策略」的誤解。妥善運用「槓鈴策略」才能及早賺得第一桶金。至於實際方式為：

- ✓ 90%「防守型資產」：
  - ・買入後「可躺平」：透過價值投資和時間複利讓資產成長。
  - ・適合長期持有：等待時間複利效應發揮作用。
  - ・不太需要學習：只需確保配置合理即可。
- ✓ 10%「進攻型資產」：
  - ・買入後「無法躺平」：需有交易攻略才能控制風險，賺取大額價差。
  - ・適合中短期持有：高波動、高槓桿，需主動管理，才可以快速翻倍。
  - ・需努力學習：了解風險管理，如何掌握止盈止損、運用槓桿，才能小錢賺大錢。

也就是說，絕不能用「防守操作」的方式經營「進攻型資產」。這種錯誤的投資認知，會讓本金有去無回。

事實上「槓鈴策略」的精隨，即在於如何運營10%的「進攻型資產」。這部分的資產並不是「買了就放著等漲」，而是需要學習正確的進攻方法，才能比一般投資者更快賺到第一桶金，甚至更高的目標。

這也就是為什麼學習帳戶在「槓鈴策略」中至關重要，因為只有透過學習，才能讓「進攻型資產」翻倍成長，而不是變成高風險賭局。

接下來，我會具體教大家如何透過「槓鈴策略」的選擇，有效配置「防守型資產」和「進攻型資產」，真正實現「反脆弱」財務自由。

## 03 先買房，還是先租房？

隨房價飆漲，「應該先買房，還是先租房」成為許多人的人生難題。網路上，我們常見兩種不同的聲音：

- ✓ 一派認為應趁早買房，以免房價愈來愈高以後買不起。
- ✓ 另一派則認為應先累積資產，等經濟更穩定後再考慮購屋。

但無論哪種選擇，其實都涉及一個關鍵問題：

### 你的人生財務規畫是什麼？

很多人因為沒有學習「財商」，做出錯誤的財務決策，影響未來數十年的人生。舉例來說，有人想「先買再說」，結果房貸壓力過大，犧牲了生活品質，甚至影響投資機會；也有人長期租屋，卻沒有透過正確的財務規畫提升收入，增加買房能力，最終發現房價已經遠超過自己可負擔範圍，只好選擇放棄。

誰都無法控制房價漲跌，卻能掌握自己的財務能力與資產配置策略。透過「財商」的學習，不僅能看懂市場的規律，還能根據個人財務狀況做出最適合自己的判斷，讓買房不再是賭博，而是一場精準的財務規畫。

那麼，在你的財務規畫中，買房究竟是負擔，還是資產？

## 第一類：先買房，但超出負擔變成「房奴」，存不到錢

這類人選擇「逼自己買房」，因為他們相信「先上車再說，以後房價一定會漲」、「繳房貸等於存錢」。於是拿出所有積蓄，甚至借錢買房，最後變成：

- ✓ 經濟壓力大：房貸占薪水50%以上，加上家庭開銷、養育費用等支出，每個月根本無法存錢。
- ✓ 人生失去選擇權：不敢換工作、不敢旅遊，不敢創業，不敢接受有挑戰性的事物，也不能接受失業沒薪水，無法自由選擇生活方式，所有決策都圍繞著「如何繳房貸」。
- ✓ 生活沒變好：買了房子但生活品質不升反降、壓力更大，最終變成「房奴」，與當初的夢想生活背道而馳。

## 第二類：先租房，但無財務規畫結果錢沒存到，房也沒買到

這類人因為存錢速度追不上房價，於是選擇「先租房，等有錢再買」。但問題是，沒有做好財務規畫、設定財務目標，反而因手上有閒錢開始追求「高品質消費」。這些人常告訴自己：「反正買不起房，不如花錢享受人生！」或是「錢沒有不見，只是變成喜歡的樣子。」於是：

- ✓ 從小套房改租更大、更貴的房子。
- ✓ 從一般餐廳改成週週吃高檔餐廳的「美食打卡」。
- ✓ 從國內旅遊改到國外高端旅遊，每年出國2～3次。

- ✓ 從一般購物改買精品、奢侈品牌。
- ✓ 從沒車或只有國產車，改買進口高級車。

最後，幾年過去，錢花光了，房子也沒買到。

## 買房與生活品質只能二選一？

「買房就沒生活品質，想要生活品質就不能買房？」其實只要有「財商」，買房與生活品質兩者都能兼顧。不妨根據以下財務指標來決定，而非聽信旁人建議做出不適合的選擇，造成過大壓力。

### 設定明確財務目標

- ✓ 5年目標：想在哪裡買房？坪數？預售屋、中古屋？
- ✓ 10年目標：想達到什麼程度的財務自由？

### 了解自身財務狀況

- ✓ 收支表：掌握每月收支、儲蓄比例，確認有多少購屋金。
- ✓ 資產負債表：清楚現有資產與負債狀況，藉以確認買房是否構成壓力。
- ✓ 現金流量表：確認每個月是否具備足夠現金流。
- ✓ 還款能力：了解每個月可承擔的房貸金額。
- ✓ 信用狀況：是否有良好的信用評級，以獲取較好貸款條件。

## 財務目標明確，再來評估要買、要租

什麼情況下，可先買房自住？
- ✓ 房貸本利攤＜家庭或個人月薪的１／３（有房、有生活品質，沒壓力）。
- ✓ 需求緊急（岳母要求有房才把女兒嫁給你、即將迎來小孩）。
- ✓ 戶型稀有（地段佳、風評好的稀有房釋出）。

假設家庭月收入為9萬元，房貸本利每月攤還3萬元，低於月薪的１／３，可兼顧生活品質與財務穩定，先買房。假設家庭月薪8萬元，房貸本利每月需攤還6萬元，房貸支出已超過家庭月薪50%，買房壓力過大，先租房。

而什麼情況下不要硬買房？
- ✓ 房貸本利攤＞家庭或個人月薪50%以上（壓力太大）。
- ✓ 頭期款等於所有存款，或是得借錢（耗光保命錢）。
- ✓ 有長期規畫（想累積第一桶金，或想創業、投資者，別急著買房自住，應等資產翻倍後再用更好的條件買房，而不是現在就被房貸綁住）。

如果符合以上3條件，租房或與父母同住會是更明智的選擇。但這不代表得放棄買房，而是先讓資金有更好的成長空間。

此外，許多人計算房貸還款金額時，只看「寬限期」的低月付金額，導致一旦寬限期結束後還款壓力大增，若無事先規畫，容易發生財務危機，因此建議房貸還款金額，用本息平均攤還法計算較為適宜。

## 你買得起多少錢的房子？

如果想要維持生活品質又想買房，可用下面公式計算自己是否買得起：

房屋總價＝每月薪水×112倍

如果家庭月薪為10萬元，那麼適合買總價為1,120萬元以下的房子，以確保每月房貸負擔不超過1／3薪水，避免成為「房奴」（見表4-8）。

也可以反向計算：如果想買某總價的房子需要花多少月薪？

**表4-8 每月薪水買得起的房價**

| 每月薪資<br>（家庭or個人） | 房屋總價<br>（房貸占月薪1／3） | 每月房貸<br>（8成貸款、30年、2%） |
|---|---|---|
| 5 萬元 | 560 萬元 | 還款 1.7 萬元 |
| 8 萬元 | 896 萬元 | 還款 2.7 萬元 |
| 10 萬元 | 1,120 萬元 | 還款 3.3 萬元 |
| 15 萬元 | 1,680 萬元 | 還款 5 萬元 |
| 18 萬元 | 2,000 萬元 | 還款 5.9 萬元 |
| 20 萬元 | 2,240 萬元 | 還款 6.6 萬元 |

如果想買的房總價是X萬元,那麼所需月薪可以公式回推計算:

$$需要月薪 = \frac{房屋總價}{112}$$

舉例來說,如果想買總價2,000萬元的房子:

$$需要月薪 = \frac{2,000萬元}{112} \approx 18萬元$$

也就是說,如果你的月薪是5萬元,但想買的房價是2,000萬元,那麼18萬元減掉5萬元還需增加13萬元的月收入才買得起。

問題又來了!假設月薪5萬元,依目前現況很難將月薪增加至18萬元(年薪約220萬元),那我會建議租房優先,再根據3步驟投資自己,快速達標(見表4-9)。

表4-9　投資自己3步驟

| | |
|---|---|
| 提高「財商」思維 | ✓ 建立學習帳戶:大量學習「財商」與投資攻略<br>✓ 改變既有觀念:從「靠薪水買房」轉為「靠投資買房」 |
| 提高主動收入 | ✓ 提升職場競爭力:年薪資成長10～20%<br>✓ 開啟兼差、斜槓、副業,為自己加薪 |
| 增加投資收入 | ✓ 「槓鈴策略」:把賺到的錢做好完整配置,穩中求勝<br>✓ 翻倍能力:用「**4帳戶理財法**」加速達成 |

## 「4帳戶理財法」第二式：投資學習帳戶

發現了嗎？決定買房或租屋的關鍵不是錢，而是「財商」。很多人以為一切取決於自己口袋裡有多少錢，但事實上，真正影響你做出正確選擇的，則是「財商」的多寡。因為：

- ✓ 當你擁有精確理財能力，就能清楚衡量自身條件，不會讓買房成為沉重的壓力，而是將之變成資產累積的工具。
- ✓ 當你擁有精確理財能力，就算選擇租房，也能有效配置資產，讓其他資金繼續增長，而非白白浪費租金。
- ✓ 當你擁有精確理財能力，決策將不再被市場雜音影響，不會盲目跟風或被輿論綁架，能真正掌控生活品質與幸福感。

簡單來說，不論買房或租屋，只要有精確的「財商」，都能從容應對、穩定增長資產，獲得真正的幸福與心安。

### 租不如買？

其實，這沒有標準答案，因為每個人的目標和財務狀況都不相同。如何找到最適合自己的方式，這就考驗你的「財商」。

如果你有250萬元的買房頭期款，該買房還是租屋？

### 方案一：買房自住

假設房價為1,250萬元、頭期款250萬元、房貸1,000萬元、利率2%、年限為30年，每月房貸本利攤為3.7萬元。房貸初期，3.7萬元

約有2萬元用來償還本金，1.7萬元為利息。再將每月約3,000元的房屋稅、地價稅、維修費等加入，總計每個月房貸本金支出2萬元、利息雜支也是2萬元，共計4萬元。

如果想買房，就得投入頭期款250萬元，以及每月需支付的本利攤和雜項共4萬元，30年後就能還清貸款。

✓ 買房自住的優點：
- 繳房租就是幫房東付房貸，房子還是房東的；買房繳清房貸後，房子就是自己的。
- 繳房貸就是每個月強迫自己存錢。
- 有自己的房子有安定感、歸屬感（但房貸沒繳清房子是銀行的，不是你的）。
- 不但保值，若未來房價上漲還有財富增值的機會。
- 不用擔心房東漲租、突然收回房子，或年老了後被房東逼退不租。

✓ 買房自住的缺點：
- 得先投入一筆大資金，包含頭期款、裝修費等。
- 房地產變現性低。
- 若房貸大於月薪的50%，便無法顧及生活品質。
- 隱藏性開銷多，如每個月的管理費、稅費等。
- 若房價下跌，房貸還是得繳，房子可能變成「負資產」。

## 方案二：以租代買

假設把方案一每月房貸利息雜支的2萬元拿來租房，再把買房的頭期款250萬元當做投資本金，並把每月該繳的房貸本金2萬元用來定

期、定額投資年投報率6%的工具，連續30年，透過複利效應將會得到3,512萬元（見表4-10）。

表4-10　250萬元的複利效應

| 年限 | 複利本利和 |
| --- | --- |
| 10 年 | 784 萬元 |
| 15 年 | 1,198 萬元 |
| 20 年 | 1,756 萬元 |
| 25 年 | 2,509 萬元 |
| 30 年 | 3,512 萬元 |

依據表4-10來看，若投資本金為250萬元，每月定期、定額投資2萬元，年投報率6%、連續30年，最後可拿回3,512萬元。所以有些租屋族認為，現金在手比較實在。

✓ 租房＋投資的優點：
1. 資金能靈活運用，職涯與生活規畫也更具彈性，人生不必被房貸和房子綁住變成「房奴」。
2. 生活品質有保證，每個月的財務壓力小。
3. 無論想創業或進修，資金都能靈活運用，還可投入在更高回報的投資工具上。
4. 與其寄望房價上漲，不如掌握財務主導權，尤其長期投資的報酬可能還高於房價增值。

5. 若房價下跌，買房可能變成重擔，租房則能靈活應對。

✓ 租房＋投資的缺點：
1. 長期租房成本可能上升。
2. 沒有自住房的心理較無安全感。
3. 房價如果大漲可能錯失增值機會。
4. 每年投報率易隨市場波動而有跌宕起伏，可能不如房價能穩定增值。
5. 租房受限於房東規定，不能自由裝修、改建等。

我知道有人會說：「一定要做選擇嗎？能不能先租屋，再買房？」如果現在的你沒有足夠的頭期款，或擔心買房後房貸壓力過大，那麼「先租再買」確實是可行的財務策略。

先讓資產增值，再進場買房，依目前房貸利率約2％計算，若投資能穩定獲取6％的年報酬率，便有4％的獲利空間。換句話說，與其一開始就將資金綁死在房子上，不如先將資金用來投入高於房貸利率的投資標的，透過複利滾動讓資產增值，未來再用更充裕的資金買房。

然而，這也會伴隨著一項風險：如果10年、20年後雖投資獲利，房價漲幅更快，導致你依然買不起房。

或許有人也會問：「到底有沒有能先鎖住當前房價，待未來房價上漲時可賺到價差，又能每個月保留資金放入投資市場，讓資產持續增值的方法呢？」答案是：「有的！」這種方式就是「只繳息、不還本金」的理財型房貸。

### 方案三：買房＋理財型房貸

有「財商」的人從不被單一選擇困住，而是找到對自己最有利的理財策略，「買房＋理財型房貸」就是一項選擇。

買房常因為了籌足頭期款而有大筆資金無法靈活運用，或因每月需繳交房貸而錯失投資機會。這時，不妨以理財型房貸做為投資工具。何謂理財型房貸？與一般型房貸有何不同（見表4-11）？

✓ 將已償還的房貸本金或房屋增值金額，轉為可隨借、隨還的循環信用額度之貸款方式。

✓ 只需繳利息、不用繳本金，可解決房貸壓力，若房屋增值還可增貸提高資金運用效益，且理財型房貸沒有年限限制。

**表4-11　一般型房貸VS.理財型房貸基本差異**

|  | 一般房貸 | 理財型房貸 |
|---|---|---|
| 貸款模式 | 需按時償還本金與利息 | 可隨借隨還，利率依與銀行往來程度、信用條件而定 |
| 適用對象 | 已買房、有房貸需求者 | 已還部分房貸本金，或已清償房貸 |
| 資金運用 | 只能用於購屋 | 可靈活運用於投資、創業 |
| 利率 | 依各家銀行規定，多為2～3% | 低於信用貸款，高於一般房貸 |
| 寬限期年限 | 1～5年 | 無限制（5年一約） |

舉例來說，假設房貸為1,000萬元：

- ✓ 一般房貸（本利攤、30年期限、利率2%）：每月需繳3.7萬元房貸（2萬元還本金、1.7萬元還利息），無額外投資。
- ✓ 理財型房貸（只繳利息利率2.5%，銀行會隨市場動態調整利率）：每月約繳2萬元。相比於一般房貸每月可省下1.7萬元。

假設把每月省下的1.7萬元放入定期、定額投資且有6%投報率的低波動理財工具，以複利計算30年約可累積1,716萬元。此時，你不但能結清房貸，還多賺716萬元（見表4-12）。

### 表4-12　一般型房貸VS.理財型房貸獲益比較

|  | 一般房貸金額 | 理財型房貸金額 |
|---|---|---|
| 1,000萬元房貸 | 每月3.7萬元（本利攤） | 每月2萬元（只繳息） |
| 每月可投資金額 | 0元 | 1.7萬元 |
| 30年後房貸狀況 | 房貸還清 | 房貸還清 |
| 花30年的CP值 | 無額外獲利 | 多賺716萬元 |
| 現金流靈活性 | 不靈活，資金全用於還房貸 | 靈活，資金彈性可運用 |
| 投資風險 | 無投資風險，但失去長期增值機會 | 風險來自於是否有投資能力，懂得穩中求勝 |

附註：上述理財型房貸，是以清償房貸，再增貸1,000萬元的情況計算。

一般來說，買房時部分銀行不能直接申請理財型房貸，只有清償部分房貸或全部還清，甚至房屋增值後才可申請增貸轉為可用額度。所以若想鎖住房價並有錢可投資，你就必須：

- ✓ 買到低於市價的房子。
- ✓ 等房子增值。
- ✓ 加速還款。

然而，這3種方式都無法靠運氣，而是靠「財商」，因為每種操作都有其技巧與訣竅。唯有知道怎麼做，才能把房子變成資產創造槓桿效益，而非成為另一種負擔。

舉例來說，假設你的房子總價為1,500萬元，貸款8成，當房產增值，經銀行鑑價後，可以增貸300萬元。若以理財型房貸來看，這筆資金的貸款利率為2.5%，將其投入年化報酬率6%的投資工具，就能獲利3.5%。

更重要的是，這筆300萬元的增貸額度，相當於最初買房頭的期款，也就是說：等於是0元買房！

這樣的財務槓桿操作，能讓你不僅擁有房屋資產，還能透過增貸資金的投資創造額外收益，加速資產成長。這種方法，正是「財商」高的人得以財富翻倍的關鍵之鑰。

最後，我想告訴你一個非常重要的觀念：真正決定你人生幸福的關鍵不是薪水高低，也不只是房貸如何計算，而是你的「財商」高低。「財商」高，人生的選擇就多；「財商」低，只能被迫接受現實安排。

## 財富增長的速度，取決於「財商」高度！

理財型房貸和一般型房貸只是「財商」運用的例子，當你透過學習帳戶提升「財商」後，你會發現人生將完全不同：

- ✓ 投資方式更多元：「財商」低的人只敢存定存，錯過資產增長機會；「財商」高的人，能善用股票、房地產、加密貨幣等多元工具快速增值資產。
- ✓ 收入來源更多元：沒學習的人收入單一，容易受市場環境影響。有「財商」者懂得打造多元收入管道、積極建立被動收入，降低對單一收入的依賴，更能抵禦財務風險。
- ✓ 資產配置更聰明：善用「槓鈴策略」能真正做到穩中求勝、資產增值。尤其遇到「黑天鵝」事件時，你的資產就能有效抗跌；當市場順勢時，你能掌握高報酬機會。
- ✓ 人生決策更自由：沒有「財商」的人常因為財務壓力，不敢轉職、不敢創業，更別提提早退休或環遊世界。擁有「財商」的人資產能穩健增長，也因此擁有更大的自由，無論想轉職、想創業、想提早退休或環遊世界，全由自己決定。

這就是為什麼我如此強調學習帳戶的重要，唯有持續學習、提升「財商」，才能真正打開人生的更多可能，徹底掌握財務自由！

## 04 財務自由5步驟

　　人的一生不論出身如何，都會面臨一個問題：「錢夠不夠用？」夠不夠付房租、房貸？夠不夠讓孩子受良好教育？夠不夠支持夢想？更殘酷的現實是年輕時你用時間換錢，年老時，你希望錢能換回時間，但若沒有好的財務計畫，你可能兩樣都沒有。

　　許多人拚命工作想累積財富，卻往往忽略其中的關鍵：本金與現金流。結果用了一生換得一間房子、一輛車，但被生活壓得喘不過氣。甚至有人到了退休年齡才發現自己還得繼續工作，因為沒有穩定的被動收入，根本無法過上自由人生。

　　財務自由並非得成為億萬富翁，而是能自由選擇想要的生活方式，不被金錢限制。擁有足夠的被動收入支付日常開銷，才能選擇是否繼續工作、是否要環遊世界、是否能專注於自己熱愛的事物。

　　然而，財務自由並不是一夕能成，需要有策略的過程。我們可以將財務自由分為5個步驟，從建立穩定收入、累積第一桶金，到讓資產翻倍，最終創造被動收入超過生活開銷，擺脫金錢束縛，真正掌控人生。

　　現在，一起跟著表4-13的5個步驟，打造財務自由藍圖！

### 表4-13　財務自由5步驟

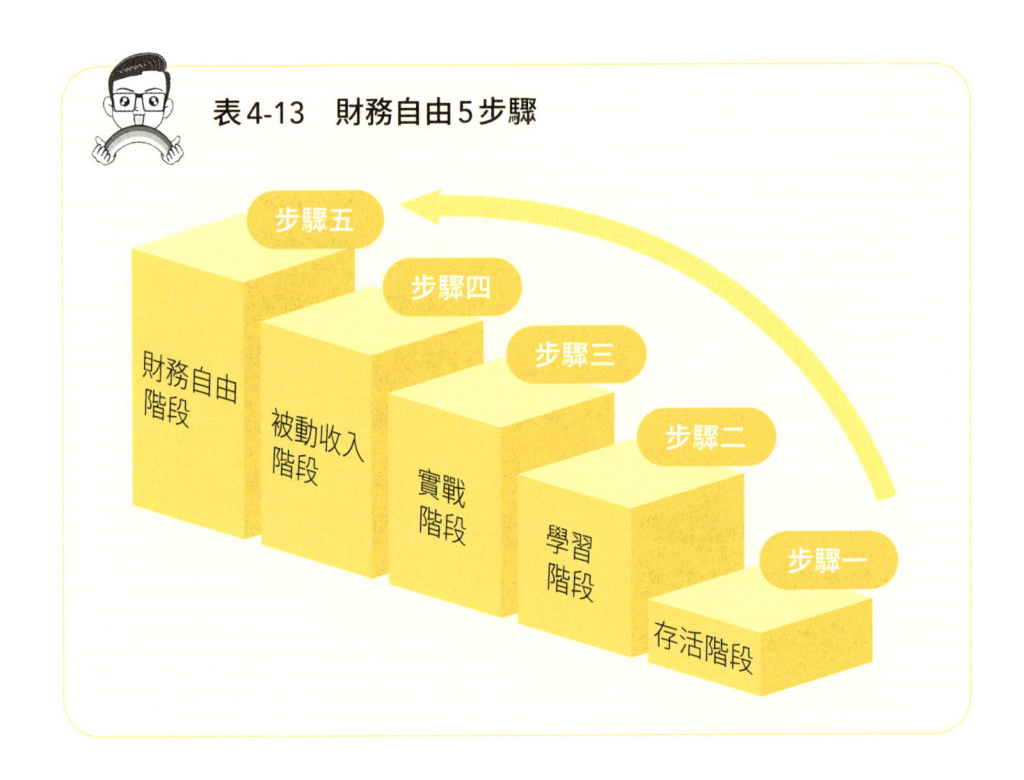

財務自由階段 — 步驟五
被動收入階段 — 步驟四
實戰階段 — 步驟三
學習階段 — 步驟二
存活階段 — 步驟一

## 步驟一：存活階段

此階段是追求財務自由的第一步，也是最重要的基礎，若連存活都做不到，其他一切都是空談。此階段的目標為確保基本生活開銷穩定、準備充足的緊急預備資金，避免遇上突發狀況陷入困境。

**第一步：穩定收入，先求活下來**

無論是上班族、自由工作者或創業者，首要目標就是建立穩定的收入來源。

「4帳戶理財法」 第二式：投資學習帳戶

- ✓ 上班族：確保工作穩定，不輕易裸辭、積極提升職場技能。
- ✓ 自由工作者或創業者：避免單一收入來源，持續拓展業務維持收入穩定。
- ✓ 入不敷出者：透過兼職、斜槓或提升技能提高收入。

想存活，就要有穩定收入，不管金額多少，最重要的就是現金流不能間斷。

### 第二步：建立保命帳戶

保命帳戶是因應意外狀況的保障，最低標準為存足12個月的生活費，也就是6個月生活開銷加6個月緊急預備金。假設每個月的基本生活費為5萬元，那麼就應準備5萬元×12個月＝60萬元。

切記！此階段資金應存於銀行定存，切勿用來投資，以免緊急時刻無法迅速動用。

### 第三步：避免負債，維持財務健康

負債是財務的重大威脅，尤其注意以下高風險負債：

- ✓ 信用卡循環利息（動輒15～20%）。
- ✓ 二胎貸款或高利率信貸。
- ✓ 汽車貸款（還款壓力大，可能影響財務靈活度）。

想理財，就先清償高利率負債、避免舉債消費、別貸款過生活。

存活階段的最終目標應該做到：有穩定的現金流入、至少存足12個月緊急預備金，尤其避免高利率負債。

這不但是財務自由的第一步，也是最重要的一步。完成此階段，才可踏入學習階段，開始提升收入，加速資產累積。

### 步驟二：學習階段

你有沒有想過，為什麼學校從來不教如何賺錢？因為學校的主要目標就是讓你成為一個好員工，擁有一技之長，以利畢業後找到一份穩定的工作。然而真正的財富，不是來自於上班，而是來自於投資、創業與資產配置，但這些都不在學校課程裡。

*真正的財富，不是來自於上班，而是懂得投資*

窮人常誤以為學習與賺錢無關，認為有基本學歷或技能就已夠用。因此畢業後即停止進步，導致薪資停滯、資產難以累積，甚至陷入負債或遭受詐騙，形成「愈努力愈窮」的惡性循環。

相反地，有錢人明白人無法賺到認知範圍以外的錢，他們堅信「懂愈多賺愈多」，因此不斷投資自己，持續學習「財商」、學習資金管理、學習投資與風險控管，試圖讓資產加速成長。這就是為什麼有錢人不僅收入高，更懂得透過錢滾錢使財富快速增加。

最終你會發現，有錢人與窮人最大的區別，不是收入的多寡，而是如何管理與運用金錢的能力。這些能力，都是透過學習而來。因此想要變有錢，就必須持續學習、主動求知，培養有錢人思維，才能真正創造財富（見表4-14）。

「4帳戶理財法」 第二式：投資學習帳戶

### 表4-14 被動學習與主動學習的差異

|  | 被動學習（窮人） | 主動學習（有錢人） |
|---|---|---|
| 學習方式 | 跟自己學習<br>（閉門造車） | 跟成功的人學習<br>（虛心學習致富攻略） |
| 學習動機 | 為了考試、為了學歷、為了找工作 | 為了提升收入創造財富，提早財務自由 |
| 學習內容 | 公司課程、個人興趣<br>（跟賺錢無關） | 「財商」、投資創業、銷售<br>（跟賺錢有關） |
| 學習後行動力 | 學了就忘，從不行動 | 學以致用，學完馬上變現 |
| 學習意願 | 不願花錢學習，卻亂花錢吃喝玩樂 | 願意花錢學習，栽培自己提升賺錢技能 |
| 未來狀況 | 單一收入，薪水停滯，財務吃緊難退休 | 多元收入，財富持續成長，財務自由可提早退休 |

有錢人與窮人的差異，根本在於學習的態度與方法：

✓ 有錢人主動學習，明確追求如何賺錢、投資和增長財富，不斷尋找投資自己的機會。窮人多為考試、學歷或工作被動學習，且畢業後即停止精進，導致收入停滯，財務狀況無法改善。學習動機不同，財務的結果也將天差地遠。

✓ 有錢人學習變現的「財商」，例如投資理財、創業技巧和銷售能力，能直接提高收入。窮人多學「無法變現」的知識，像是個人興趣：攝影、瑜伽、鋼琴等，或是為了應付考試背誦大量學科內容，考完後便忘得一乾二淨。學習的目標和方向不同，

財富結果同樣天差地遠。
- ✓ 有錢人持續學習新技能、新的投資機會，並將知識轉為行動與收入。窮人則習慣逃避學習，或學習後不行動，最後因害怕失敗而錯失改善財務的機會。

由上可知，真正拉開貧富差距的，並不是天賦或運氣，而是大量學習，是你成為有錢人或窮人的分水嶺。

經常有人問我：「學習投資理財真的需要花錢嗎？買書看或查Google，甚至看YouTube免費影片就好了吧？」老實說，過去我也曾有同樣的想法，但後來才明白：「免費才是最貴的！」

如果只是想學一些基本理財觀念，了解表淺知識，的確不需要付費，網路上的免費資源就已足夠。但如果你真正想要掌握一套有系統、有步驟、高含金量，而且可以立即落地、快速實現財務成果的投資理財策略，那我強烈建議一定要付費，跟著有實戰經驗和成果的人學習，相信會更有效率。

剛開始接觸投資理財時，我也一度陷入網路裡各種免費的資訊迷霧中。今天看了A老師的股票交易教學，可是我連K棒圖都搞不清楚；明天看了B專家分享房地產投資，但我連房屋謄本都看不懂。因為缺乏扎實的財務基礎，這種東拼西湊的學習方式不僅浪費大量時間，還讓我走了許多冤枉路。

更可怕的是，我曾因相信網路免費資訊，差點掉入投資詐騙的陷阱中。後來才明白很多免費的財經資訊，背後都有商業目的，甚至隱藏詐騙陷阱。表面上免費又省錢，實際上卻可能讓你不知不覺損失數十萬甚至數百萬元，這種代價才是最昂貴的。

後來我改變想法，付費跟真正有結果、有系統、有口碑的專家學習。他們投入大筆金錢和精力的十多年實戰經驗，總結出一套被許多學員證實有效的理財策略，我只需用短短幾天或幾週時間，就能完整掌握，不僅省下了盲目摸索的成本，更避免因無知而胡亂投資造成的慘重虧損。

而這些經驗也讓我養成習慣：若只想擴充基本知識，適度參考網路免費資源即可，但一定謹慎判斷真偽，避免陷入詐騙陷阱。然而，若想深入掌握投資理財策略，讓知識落地並快速變現，那我絕對選擇以付費方式，跟隨前輩學習。

這也是我為何一直強調的學習帳戶目的：持續投資自己的腦袋，才是通往財務自由最重要的一步。記住！當你願意為自己投資，人生才會從被動轉變成主動，未來的你，才能真正擁有更多、更好的選擇！

## 步驟三：實戰階段

此階段的核心目標就是透過實戰投資，穩健累積第一桶金。不過，許多人因缺乏完整投資策略與風險管理觀念，進場後便盲目投資或重壓單一標的，導致一次虧損就出局。其實，真正問題不在市場，而是缺乏風險管理。因此，實戰階段除了要學會如何賺錢，更要學會控管風險，做到穩中求勝，穩扎穩打實現財富翻倍。

**實戰目標：穩健累積300萬元**

為什麼設定300萬元為目標？因為這個金額具有關鍵意義：

- ✓ 能進入更高階投資機會（如房地產、創業、股權投資等）。
- ✓ 創造穩定的投資現金流（股息、租金、債息收入）。
- ✓ 從「靠勞力賺錢」進階晉升「靠錢賺錢」的一個有感金額。

許多人因未設定清晰的財務目標，容易在市場中追高殺低，最終無法累積財富。明確設定300萬元的財務目標，透過策略性投資計畫，並有效於3～5年內達成，才是踏上財務自由的有效之道。

**實戰方法：善用攻略加速資產翻倍**

「投資是門科學，而非賭博；投資有風險，但絕非冒險」。在投資市場裡，能長期賺錢的人都有一套嚴謹的買賣攻略，他們會確保每筆交易都符合「高勝率＋低風險」的投資原則。

何謂買賣攻略？就是無論投資房地產、股票、加密貨幣或基金，鎖定一個優質投資標的後，便會在進場之前利用多種分析工具來判斷是否為最佳買點。

*會買是徒弟，懂賣才是出師！*

如果投資股票、加密貨幣或外匯，就該做：
- ✓ 基本面分析：評估企業財務狀況、成長潛力及行業趨勢。
- ✓ 技術分析：藉由K線、均線、支撐壓力等指標，尋找進場時機。
- ✓ 籌碼分析：觀察主力、大戶與散戶資金流向，以確認市場動態。
- ✓ 市場情緒分析：從新聞、社群輿論與投資者行為，精準掌握市場氛圍。

- ✓ 政府政策分析：關注法規、利率變動，以及產業發展趨勢、是否獲得輔助等各種影響因素。

如果投資房地產，那就該做：
- ✓ 房市景氣燈號分析：判斷市場究竟處於復甦、成長階段，還是正值高峰或衰退，以利判斷適合進場時機。
- ✓ 房價租金比分析：透過房價與租金的比例觀察，評估投資投報率高低。
- ✓ 政府政策分析：關注房地產政令法規，如銀行限貸令、房地合一、囤房稅等。
- ✓ 銀行貸款利率和額度分析：貸款利率決定購房成本，額度則影響購買力。
- ✓ 人口結構與區域發展分析：人口流入或外流影響區域房價。
- ✓ 空屋率分析：低空屋率代表需求強勁；高空屋率則可能意味供應過剩。

投資不是憑感覺，而是透過數據與策略降低風險、提高勝率。當這些因素都是「利多」時，投資賺錢的勝率自然提高。

## 持有攻略：買進後，如何管理投資？

投資不只是選擇「買什麼」，更關鍵的是「買進後怎麼辦」。很多投資人買進後沒有明確的持有策略，結果導致：
- ✓ 市場震盪時情緒受影響，導致頻繁進出，錯失長期收益。
- ✓ 價格稍微下跌就恐慌賣出，結果賠錢離場。

✓ 股價暴漲沒設定出場策略，結果利潤回吐，錯失獲利機會。

能長期穩定獲利的投資人，靠的不是運氣，而是「科學化持有策略」與「嚴謹風險管理」讓資產穩定增值，同時控制下跌風險。

至於持有策略的核心目標，那就是「確保資產最大化成長，同時不因市場短期波動被迫賣出」。具體該如何做到？你需要根據投資目標、資產類別和市場變動，選擇合適的持有策略。

舉例來說，若投資標的是成長型資產（如標準普爾500指數、元大台灣卓越50基金或蛋黃區房地產），持有策略應該是低頻操作、長期持有，讓時間與複利幫你累積財富。

✓ 持有原則：買進後，至少持有3～5年，讓複利發揮效果。不因市場短期波動賣出，除非基本面改變。

✓ 具體操作：定期評估資產表現（如每季一次），如果基本面依然穩健，那就繼續持有。此外，遇市場大跌時，別恐慌賣出，反而該加碼、分批買入（如S&P 500指數、元大台灣50下跌10%以上）。當資產價格遠高於合理估值時，可部分獲利了結降低風險（如股價過高，本益比遠超過歷史均值時）。

也就是說，成長型資產的持有攻略為「低頻操作、長期持有、動態調整、逢低加碼」。

再舉一例，如果你的投資標的是短期爆發型資產（如AI科技股、加密貨幣、新興市場股票），想短線交易賺波段價差，那就需要更靈活的持有策略，避免市場趨勢反轉時錯過獲利出場的機會。

✓ 持有原則：設定停利點與停損點，避免情緒影響交易決策。當

價格漲到合理價位時，可部分獲利了結，保留其他倉位等待上漲；當市場趨勢反轉，記得果斷出場，絕不戀戰。
- ✓ 操作方式：短線投資時，可透過技術指標找到停利點與停損點。當價格突破阻力線，甚至創新高後，可觀察技術指標輔助決策（例如跌破支撐線、MACD*、成交量萎縮、背離訊號等），發現多頭力量開始變弱時，即可逐步減倉分批獲利入袋。**Moving Average Convergence／Divergence，指數平滑異同移動平均線。**

因此，短期爆發型資產的持有攻略為「依技術指標短期持有、動態分批停利，見好就收」。

**風險管理攻略：確保輸了還能站起來繼續投資**

投資的本質不是「不會輸」，而是「輸了還能繼續玩」。許多投資人最常犯的錯誤，就是只關心「能賺多少」，卻忽略「能不能承受損失」，結果市場大跌時因無風險管理賠光資金，甚至被迫退出市場。歸結來說，風險管理的本質為：「就算市場崩跌，依然能生存下來並持續賺錢。」

但如何做好風險管理？
- ✓ 第一步：設定停損點。決定可接受的虧損金額。以終為始回推，設好進場資金。簡單來說，就是先預想最壞情況，確保自己能接受才進場。假設投資100萬元，設定可接受10%（10萬元）虧損，當跌至停損點即果斷賣出，而非「等等看」。千萬別因不想停損而無限補倉，若市場趨勢不利，寧可認輸停損，等市場反轉後再進場，而不是讓虧損加劇。

- ✓ 第二步：設定動態停利安全槓。許多投資人都遇過股票漲了30%沒有賣出，結果跌回進場價，這就是因為沒有設好動態停利機制，導致獲利回吐，甚至虧損出場。若能設定階梯式動態停利安全槓，當漲幅達一定程度時，安全槓即可往上調動，鎖住獲利；當漲幅超過預期時，則可部分獲利了結，確保利潤。也就是說，當價格上漲30%，就要啟用動態停利安全槓；當價格從高點回跌10%，就得分批停利賣出。甚至，若價格繼續上漲，也可先賣出50%倉位確保部分利潤入袋，剩下50%則繼續持有，讓它賺更多。
- ✓ 第三步：分散投資。不要把所有錢全都投入單一市場、單一投資工具裡，因為風險極高。分散投資的目標不是降低報酬，而是確保市場不利時，仍能穩定成長。

*別把所有雞蛋放在同一個籃子裡！*

如何有效分散風險？
- ✓ 產業分散：將資金分別投入科技股、傳產股與金融股，以確保單一產業崩跌時不受影響。
- ✓ 區域分散：將資金分別投入台股、美股與全球股市，降低特定國家經濟衰退影響獲利。
- ✓ 工具分散：將資金分別投入股票、房地產、加密貨幣或債券，降低單一投資風險。

例如，可使用「槓鈴策略」將90%的資金投入穩健的成長型資產，

穩定累積複利；把另外10%的資金放在短期爆發力較強的資產（如有成長潛力的科技股或加密貨幣），追求快速且可觀的資本增長。這樣的配置不僅能讓你同時掌握「穩定」與「爆發」兩種成長機會，也可有效避免資金過於集中。即使再看好某個產業或區域，也應確保資產配置均衡，以利分散投資風險。

在實戰階段，你的核心目標為透過策略投資於3～5年內成功累積第一桶金，但要記住：投資市場不是賭場，能長期獲利的關鍵是「買賣攻略＋持有策略＋風險控管」這3項能力。

當你成功累積了第一桶金，表示已具備完整的投資策略與風險控管能力。之後的第二桶金、第三桶金，甚至更多的本金將持續累積，資產增長也將更加容易。接著，就能正式進入下一個重要階段：被動收入階段，開始將資產轉化成穩定的現金流。

## 步驟四：被動收入階段

當你已經成功累積第一桶金（300萬元）、第二桶金（600萬元），甚至突破千萬資產，並擁有財務安全感，下一步就是讓資產運作，創造穩定被動收入。此階段的核心不再是「賺更多錢」，而是要確保資產能持續產生現金流，讓生活不必再依賴單一收入來源。

這個階段的目標為：

✓ 建立「多元收入」的財務框架，降低對單一薪資的依賴。

✓ 確保收入穩定，不受市場下跌影響，擁有經濟安全感。

- ✓ 讓賺錢「自動化」，不需過度干預也能持續運作。
- ✓ 調整財務策略，確保現金流穩定，維持生活品質。

何謂被動收入？就是一套從「賺錢模式」變成現金流。被動收入並非單一投資，而是一套完整的現金流運作系統，確保收入不必單靠勞力取得，而是能藉由資產自動生成。

主動收入和被動收入的差異：
- ✓ 主動收入：持續工作，時間與金錢掛鉤（如薪水、接案、時薪工作）。
- ✓ 被動收入：透過本金與資產運作，即使不工作，也能持續產生現金流。

被動收入的三大特性：
- ✓ 可持續性：不需長期投入時間或勞力就能產生收益。
- ✓ 低依賴性：不依賴單一市場、產業，能適應不同經濟環境。
- ✓ 穩定性：即使市場變動，仍能維持基本現金流。

當你身處此一階段，重點就不是帳戶裡的數字，而是被動收入能否持續產出。

究竟被動收入要多少才夠？想打造被動收入需要循序漸進，且依據本金大小和個人財務狀況逐步優化。不同等級的被動收入，決定生活方式與選擇權。因此，被動收入分成4個等級：生存、舒適、夢想、豐盛（見表4-15）。

而這4個等級的區別，在於被動收入是否足以支撐生活方式，以及對生活品質的期待。

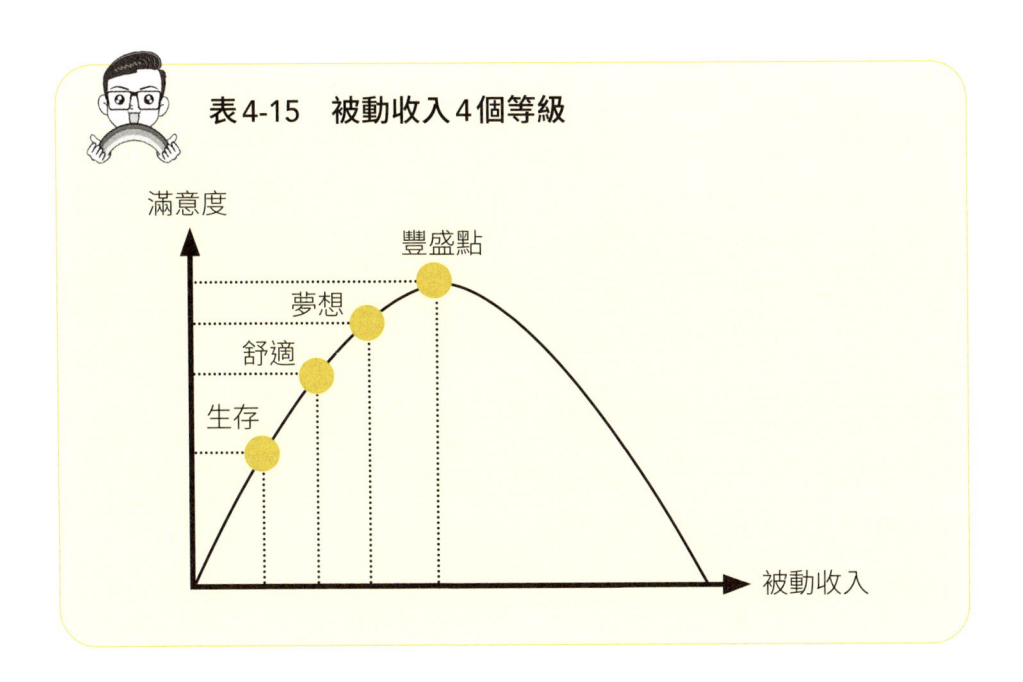

表4-15 被動收入4個等級

（圖：滿意度 vs 被動收入曲線，標示生存、舒適、夢想、豐盛點）

✓ **被動收入等級1：生存等級**

此階段的主要目標就是追求被動收入能支付基本生活開銷，適合薪水階級，但希望有額外穩定現金流者。假設基本開銷為每月5萬元，若被動收入等於基本生活開銷，代表即使暫無工作收入，也能維持生活。所以此階段的重點是生存，而非享受。

✓ **被動收入等級2：舒適等級**

此階段的主要目標為追求被動收入大於等於「舒適生活開銷」，適合希望減少對薪水的依賴，提升生活品質者。假設每

月舒適開銷是7萬元（基本開銷5萬元＋休閒娛樂2萬元），此階段不再只是為了生存，而是開始享受生活。

- ✓ **被動收入等級3：夢想等級**

    此階段的主要目標就是追求被動收入大於等於「夢想生活開銷」，適合追求更大自由度（如旅行、創業、進修或實現夢想）者。假設夢想生活每月需花費50萬元（生活開銷20萬元＋夢想支出30萬元），於此階段的被動收入就要能支應兩者費用，如此才能完全掌握時間與選擇權，活出真正想要的人生。

- ✓ **被動收入等級4：豐盛等級**

    此階段主要目標為追求被動收入大於等於「豐盛生活開銷」，適合希望能創造更大社會價值、傳承財富者。假設每月有100萬元的被動收入，想將其中50萬元用於個人，另外50萬元用於公益事業，那麼被動收入除了要能支應個人開銷（包含所有必要、需要、想要的支出），還要能足夠用以投入公益創造社會影響力，甚至還要有餘額傳承後代，也就是說非追求個人財富增長而已。

## 步驟5：財務自由階段

　　許多人聽到財務自由，以為就能整天無所事事。但真實情況卻是許多已達財務自由之人，反而更積極地投入創造事業與追求人生。為什麼他們如此努力？因為財務自由並非人生終點，而是追求更高層次人生價值的起點。心理學家馬斯洛（Abraham Maslow）曾提出著名的

「需求層次理論」（Maslow's Hierarchy of Needs），他將人類的需求從低到高分成5個層次（見表4-16）：

- ✓ 生理需求（基本的食衣住行）。
- ✓ 安全需求（財務、工作、健康等穩定性）。
- ✓ 社會需求（歸屬感、人際關係）。
- ✓ 尊重需求（獲得他人的尊重與自我肯定）。
- ✓ 自我實現需求（追求生命意義與更高價值）。

這套理論告訴我們一個非常重要的真相：財務自由其實只滿足了金字塔底下的兩個基礎需求（生理與安全）。所以當你已經實現了財務自由，生活穩定、不必再為錢煩惱時，自然就會往上尋找更高層次的價值與追求。

你也會開始想：

- ✓ 怎麼用財富讓自己和家人過上更好的生活？
- ✓ 如何建立更高層次的社會影響力幫助更多人？
- ✓ 怎麼利用財富創造更大的社會價值？

這也正是為何許多成功人士財務自由後，仍不斷努力、奮鬥。

- ✓ 馬斯克：31歲實現財務自由，隨後創辦SpaceX，並成為Tesla執行長。
- ✓ 張忠謀：90多歲依然積極推動台灣半導體產業發展。
- ✓ 巴菲特：全球知名投資家，90多歲仍舊熱中投資，並積極從事慈善。
- ✓ 嚴長壽：財務自由後致力公益和偏鄉教育，追求更大社會價值。

### 表4-16　人類需求5個層級

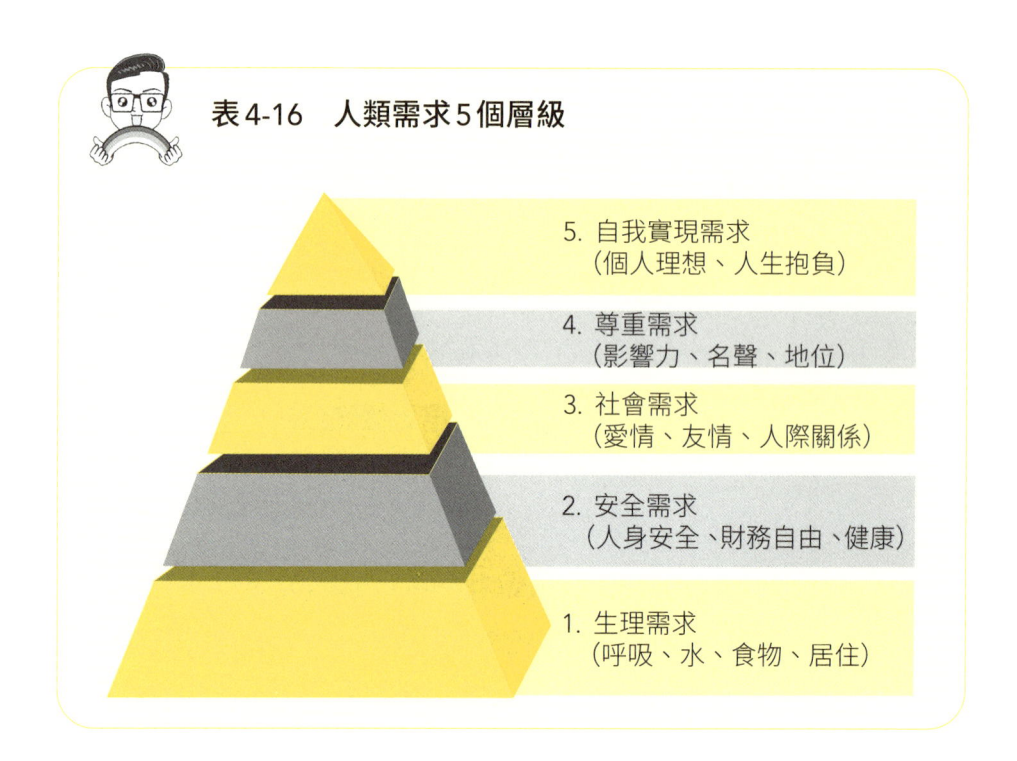

```
5. 自我實現需求
   (個人理想、人生抱負)
4. 尊重需求
   (影響力、名聲、地位)
3. 社會需求
   (愛情、友情、人際關係)
2. 安全需求
   (人身安全、財務自由、健康)
1. 生理需求
   (呼吸、水、食物、居住)
```

從上述幾位名人案例，就會發現真正財務自由的人，從未停下腳步只為享受而活，反而是更積極地追求有意義的志業。所以，財務自由的真諦，正是讓你有充分的基底實現理想，追尋更高價值的人生。

或許你會質疑：「這些成功人士的出生、成長、遭遇和我不同，我也可以做到嗎？」事實上每個財務自由的人，起初也都只是普通人。別以為他們的成功光靠運氣，而是透過一步步的學習、有策略的規畫而實現。

財務自由並非遙不可及，只要透過這5個步驟，就可以達成具體目標：

## 「4帳戶理財法」 第二式：投資學習帳戶

- ✓ 擁有穩定收入、存足緊急預備金，建立生活基礎。
- ✓ 學習「財商」，掌握資產增值技巧。
- ✓ 實際操作投資，累積第一桶金（300萬元）。
- ✓ 打造被動收入，逐步脫離薪水限制。
- ✓ 建立自動運作的投資系統，奪回人生選擇權。

只要你願意踏出第一步並認真執行，這些步驟就能帶你從平凡走向真正的財務自由。現在，該是你付諸行動的時候了！

下一章，我將教你如何建立第一個保值帳戶，抵抗通膨讓財富持續增長。

Chapter 05

# 「4帳戶理財法」第三式：
# 建立保值帳戶

你是否每天拚命工作，帳戶數字看似愈來愈多，生活卻沒有變得更輕鬆？
30年前的100萬元能買棟房子，如今連頭期款都不夠，因為你辛苦累積的財富，正被一個無形敵人無聲奪走：通貨膨脹。
只懂存錢，不懂保值，就像財務的慢性自殺。建立保值帳戶，是財務自由的關鍵基石。
這一章，將教你如何透過保值帳戶守護資產、擊敗通膨，掌握未來的主動權。

## 01 為什麼迫切需要保值帳戶？

把錢存在銀行真的是最安全的方式嗎？其實，這可能成為財富的最大陷阱。因為真正侵蝕財富的不是盜賊，而是通膨：

- ✓ 台灣的銀行定存利率只有1～1.5%（甚至更低）。
- ✓ 台灣長期通膨率高達2～3%。
- ✓ 全球平均通膨率約3～6%，部分國家甚至突破10%。

如果存款年利率為1%，通膨率卻是3%，等於你每年被偷走2%的購買力。「錢還在，卻買不起」這非危言聳聽，而是殘酷現實：

- ✓ 30年前，100萬元在台灣中南部有機會買到房子，現在100萬元連廁所都買不到。
- ✓ 20年前，一碗牛肉麵80元，現在動輒160元，甚至超過200元，價格幾乎翻倍。
- ✓ 10年前，便當約50～60元，現在動輒100元起跳。

也就是說你存了2,000萬元，以為能安穩退休，但到了65歲就會驚覺只夠撐10年。唯一能抵禦這個無形殺手的方法，就是建立保值帳戶，透過正確的資產配置，確保辛苦累積的財富不會隨物價飛漲而化為烏有。

# 「4帳戶理財法」第三式：建立保值帳戶

## 啟動保值帳戶的最佳時機

投資就像蓋房子，地基沒打好蓋得再漂亮也會倒。很多人一聽到投資就立刻衝進市場，卻因能力不足而慘賠。真正的投資高手從不著急出手，因為能力不到位，投資就是賭博，白白去送錢。

所以，啟動保值帳戶前，必須先檢查兩件重要的事：

### 第一、保命帳戶準備好了嗎？

這是你的緊急備用金，萬一生活有突發狀況，才能從容應對，而不是急忙把已投入的資金拿出來，打亂所有財務計畫。

### 第二、投資能力真的夠了嗎？

這裡不是指學習帳戶的預備金，而是你的能力。怎麼挑資產、控制風險？能否判斷什麼資產能保值？哪些資產波動大、風險高？

當上述兩個條件都到位時，才是真正做好準備，可以建立保值帳戶。從現在起，每個月扣掉必要開支後，拿出90%的閒置資金放進保值帳戶，穩健增長資產，才能抵抗通膨，創造穩定現金流。

## 02 打造保值金雞母，穩賺現金流

保值帳戶的核心就是確保本金安全，建立穩定被動收入來源。因此選擇投資標的時，以保本、低波動、不槓桿為主，這也是「槓鈴策略」中90%的防守。尤其大幅虧損後回本難度極高，特別是遇上「黑天鵝」事件可能帶來-30～-50%損失，大部分的人很難用剩餘資金賺回本金（見表5-1）。

表5-1　虧損幅度與賺回本金須上漲幅度

| 虧損幅度 | 賺回本金須上漲幅度 |
| --- | --- |
| 20% | 25% |
| 25% | 34% |
| 30% | 43% |
| 33% | 50% |
| 40% | 67% |
| 50% | 100% |

# 「4帳戶理財法」第三式：建立保值帳戶

因此，平常投資布局時，要先準備好，就算有虧損也影響不大，這就是保值帳戶的價值。

但許多人投資時並未考慮市場極端風險，這也是為什麼投資市場上能長期賺到錢的人總是少數。要如何避免這樣情況發生呢？

### 要贏得起，也要輸得起！

這是富人持續賺錢的投資法則：穩中求富。

## 贏得起，但輸不起的一般人

假設你有100萬元，大部分的人會將其All In投入不抗跌的中波動、中報酬標的，如股票、基金、ETF，假設獲利範圍為30～100％，當「黑天鵝」事件發生時，虧損可能超過30～50％。

若抓個最高與最低的極端值來計算，本金損益範圍最高為上漲100％，最低為下跌50％：

- ✓ 最好狀況：100萬元×（1＋賺100％）＝200萬元。
- ✓ 最慘狀況：100萬元×（1－虧50％）＝50萬元。

從上述公式可知，損益範圍為50萬元（-50％）到200萬元（+100％）之間。

其實從表5-1也可看出，平時或許風平浪靜，但只要遇到一次「黑天鵝」事件，或資產下跌超過30～50%，要回本就變得極為困難，甚至可能長期陷入財務低谷。這是因為當資產虧損50%，就必須翻倍獲利（上漲100%）才能回本。這種「贏得起但輸不起」的投資方式風險極高，一次大跌就可能讓多年累積的資本腰斬。

有趣的是，這種「連一次都輸不起」的投資策略，卻是90%的人都在使用。這也解釋了為什麼真正能長期穩定賺錢的投資人始終是少數。因為多數人只關注短期獲利，忽略風險管理，一旦遭遇大幅下跌，就可能陷入無法翻身的困境。

## 贏得起，也輸得起的有錢人

相較於一般人的投資方式，有錢人更注重資產配置與風險管理。他們不會將100萬元All In投入中波動、中報酬但不抗跌的工具，而是採取更加穩健的策略，以確保資產在市場波動中仍能穩定增值。

有錢人通常會將100萬元這樣配置：

- ✓ 90萬元投入「防守型資產」：運用保本、低波動工具，不操作槓桿（穩定獲利4～6%）。
- ✓ 10萬元投入「進攻型資產」：運用高波動工具、操作高槓桿（最高可上漲30～500%，最低為賠光本金）。

若以100萬元本金計算：

# 「4帳戶理財法」第三式：建立保值帳戶

- ✓ 最好狀況：［90萬元防守×（1＋6%）］＋［10萬元進攻×（1＋500%）］＝155.4萬元
- ✓ 最慘狀況：［90萬元防守×（1＋4%）］＋（10萬元進攻輸光）＝93.6萬元

從上可知，損益範圍為93.6萬元（-6.4%）～155.4萬元（+55.4%）。

你也會發現，即使遇到虧損，最大損失也只有6.4%，這在市場上是極容易補回的範圍。尤其是如果你的「防守型資產」有穩定配息，放個1～2年，本金幾乎可以完全回補，風險大幅降低。

你也可能擔心：「獲利會不會變少？」這就跟進攻能力有關，透過好的進攻策略（下一章），投報率可能不只500%，甚至更多。

簡單來說，這種投資方法讓你「贏得起，也輸得起」：

- ✓ 進可攻：如果進攻策略成功，投資獲利可大幅成長。
- ✓ 退可守：如果進攻失敗、損失可控，「防守型資產」的配息能補回本金。
- ✓ 穩中求富：不是靠運氣賭博，而是以科學思維分配風險，實現可持續獲利。

也就是說，這不是All In，而是「進攻＋防守」的智慧組合；這不是賭一把，而是「穩賺＋高勝率」的投資策略。透過上述策略操作，就能在市場上不只賺得快，還賺得久，真正做到穩中求富、長期獲利。

## 保值帳戶：生「金雞蛋」的「金雞母」

保值帳戶的目標，就是利用本金打造穩定被動收入，也就是透過「金雞母」（本金）不斷產出「金雞蛋」（配息、租金、利息）。不同於以勞力換取收入，而是讓錢主動為你工作，透過複利效應逐步累積資產，最終實現財務自由。

舉例來說，如果你希望每個月都有10萬元的被動收入，以年化報酬率5%計算，至少需要累積2,400萬元的本金。假設每個月定期、定額投資2萬元至股票或ETF，即使能穩定獲利，仍需耗時36年才可能達標。

然而，考量通貨膨脹逐年攀升，未來30年的10萬元實際購買力可能只有今天的5萬元，這樣的速度和投資策略，明顯不足以提早實現真正的自由。但是，市場上超過90%的投資人都採用這樣的投資策略。

想加速達成財務自由，就必須調整策略，採取「多元收入＋防守＋進攻」的組合攻略：

- ✓ 增加主動收入（現金流）：強化專業技能，提高本業收入，積極發展副業或斜槓事業，開拓現金流來源以累積本金。
- ✓ 開發被動收入（穩健現金流）：妥善配置資產，如投入優質存股、ETF或購買房地產出租，獲取配息、租金，穩健累積財富。不過，若僅靠此策略資產成長速度過慢，難以快速實現目標。
- ✓ 投資價差收入（快速倍增資產）：透過房地產交易、股票短線操作或利用加密貨幣市場的波動，掌握「低買高賣」技巧，迅速累積資金，加速本金增長。但此法必須具備市場判斷力及風險管理技巧（詳見下一章高投報帳戶）。

總之，保值帳戶定位為防守，著重保護本金、穩定創造被動收入。若渴望更快、更有效地達成財務自由，就應積極採用多元收入策略，平衡防守與進攻。當被動收入超越生活開銷時，才能真正掌握財務自由的主動權。

## 03 實戰！建立保值帳戶

保值帳戶最重要的使命，就是保護辛苦累積的資產不被通膨侵蝕，並穩定創造被動收入。即使經濟衰退、市場震盪，保值帳戶依然能讓你安心入睡，因為裡頭的錢每天都在替你賺錢，帶來財務安全感。

為達成這個目標，保值帳戶必須遵循「保本、低波動、穩定被動收入」三大原則，善用防守型投資組合，就能確保資產持續增值，打造源源不絕的現金流。究竟，保值帳戶中，需要準備哪些類型資產，才能做到保值又增值呢？

### 現金流型資產

此類型資產就是要能穩定產生被動收入，同時具備低波動、抗跌保值，確保本金安全，還可讓資產穩健增長。其主要特性為：

- ✓ 低波動：不會因市場劇烈震盪而大幅下跌。
- ✓ 穩定配息：持續提供現金流（股息、租金或利息）。
- ✓ 長期增值：能對抗通膨，保護資產價值。
- ✓ 抗跌能力強：即使市場崩跌，依然能享有穩定收益。

# 「4帳戶理財法」第三式：建立保值帳戶

接著，我們就來看看保值帳戶該如何建立，才能顧全大局？具體的配置參考如下：

## 低波動，高股息ETF

面對高通膨與高波動市場，你不僅得保住本金價值，還要確保資產能穩定增值並持續產生現金流。而高股息ETF即以穩定股息收益、低波動、抗通膨的特性，成為保值帳戶裡不可或缺的資產配置之一。

同時，因為高股息ETF主要由獲利、配息穩定的企業所組成，這些企業通常具備穩定的現金流收益、成熟的企業經營模式，因而能提供長期穩定的配息政策。

正因為具備上述特性，使得高股息ETF擁有以下優勢：

- ✓ 穩定配息，歷史殖利率高且穩定：有3年以上穩定配息紀錄的ETF，平均殖利率至少達4～6%，但過高殖利率（如8%以上）的ETF，則須留意是否有高風險成分股。
- ✓ 低波動，市場大跌時能抗跌：像是00915凱基台灣優選高股息30ETF基金、00713元大台灣高股息低波動ETF證券投資信託基金、00701國泰臺灣低波動股利精選30基金，也別忘了避免波動性較高的高息動能型ETF（如00939統一台灣高息動能ETF基金）。
- ✓ 持股分散，降低個股風險：觀察ETF的成分股數量，較分散的ETF風險相對低（如00878國泰台灣ESG永續高股息ETF基金即持股100檔以上）。避免過度集中單一產業，像是00929復華台灣科技優息ETF基金即因科技股權重過高，易影響穩定度。

表5-2即目前市值逾新台幣50億元，具低波動、高股息的ETF。

### 表5-2　市值逾50億元的低波動、高股息ETF

| ETF | 特色 |
| --- | --- |
| 00713<br>元大台灣高息低波 | 持有台灣市值前250大公司50檔高股息、低波動公司股票（可追蹤「特選高股息低波動指數」） |
| 00915<br>凱基優選高股息30 | 持有台灣市值前300大公司30檔低波動、高股息股票（可追蹤「台灣多因子優選高股息30指數」） |
| 00701<br>國泰股利精選30 | 持有台股市場中波動最低、盈餘穩健的30檔公司股票（可追蹤「低波動股利精選30指數」） |

若可接受市值逾千億元、稍具波動的高股息ETF，不妨參考表5-3：

### 表5-3　市值逾千億元、具波動性的高股息ETF

| ETF | 特色 |
| --- | --- |
| 00878<br>國泰永續高股息 | 持股分散、成分股穩健，相對低波動，適合長期穩健存股族（可追蹤「MSCI台灣ESG永續高股息精選30指數」） |
| 0056<br>元大台灣高股息<br>證券投資信託基金 | 較高股息，適合願意承受部分市場波動的投資人（可追蹤「台灣高股息指數」） |
| 00919<br>群益台灣精選高息基金 | 追求較高股息收益，適合能接受一定波動風險者（可追蹤「特選台灣高股息指數」） |

「4帳戶理財法」第三式：建立保值帳戶

總結表5-2與5-3即可得知：
- ✓ 如果想要穩定、低波動的高股息ETF，可選擇00915、00713或00701。
- ✓ 如果希望配息較高，但能承受市場上的適度波動，可挑選0056或00919。
- ✓ 如果你想取兩者的中間值，有一點波動、配息也高，那就可以選擇00878。

或者，你也可以透過ETF不同的配息時間，組合成月配息。例如將00713＋00878＋0056，或是00919＋00878＋0056組合起來，就是月配息。

但要特別注意的是，低波動、高股息的ETF，也有其潛在的缺點與風險：
- ✓ 配息不一定每次配，可能減少甚至有時不配息。
- ✓ 總報酬率可能低於大盤。
- ✓ 在台灣股息收入需要課稅。

每個投資工具都有他的優缺點，高股息ETF雖然是不錯的投資工具，但仍需搭配其他操作才能打造全方位的保值帳戶。此外，美股也有高股息ETF，像是VYM（Vanguard高股利收益ETF）、SPYD（SPDR投資組合標普500高股利ETF）或是美股REITs（Real Estate Investment Trusts，不動產投資信託）的VNQ（Vanguard房地產ETF）等。不過，因美股股息會被美國政府預扣30％稅，也有匯率差的問題，故不在此討論範圍內。

## 電信類股與金融類股

保值帳戶的核心,就是透過低波動、抗通膨、穩定現金流的資產配置,以確保本金得以安全、長期增值。其中,電信類股、金融類股因穩定性高、現金流強勁,且具備抗通膨能力,成為保值帳戶中理想的資產配置選擇之一。

- ✓ 電信類股:台灣的電信股選擇相對有限,主要有中華電信（2412）、台灣大哥大（3045）、遠傳電信（4904）3家。如果要配置至保值帳戶,建議優先考慮中華電信或台灣大哥大,因為這兩家公司皆具備穩定現金流、低波動且抗通膨能力強。

- ✓ 金融類股:值得注意的是,金融類股並非每一檔都適合買入,因為不同金融機構的業務模式不盡相同,風險與收益特性也有所差異,可進一步細分為「銀行業務」、「壽險業務」、「綜合金控」三大類型（見表5-4、表5-5）。

**表5-4　適合放入保值帳戶的金融類股**

| 股票 | 適合原因 |
| --- | --- |
| 中信金（2891） | 主要業務為存款、放款、信用卡,利潤穩定、波動較小 |
| 兆豐金（2886） | 主要業務為企業放款、外匯,存放款穩定、配息率較高 |
| 第一金（2892） | 個人與企業貸款為其核心,業務穩健,配息穩定 |

「4帳戶理財法」第三式：建立保值帳戶

表5-4所列之金融類股主要收入以銀行業務為主，像是存款、放款業務、信用卡、外匯交易等，因獲利模式穩定，且能受惠於升息，適合放入保值帳戶。

表5-5　不適合放入保值帳戶的金融類股

| 股票 | 不適合原因 |
| --- | --- |
| 國泰金（2882） | 壽險業務占比高，資產大量投資股票、債券、房地產，較易受市場波動影響 |
| 富邦金（2881） | 與國泰金類似，壽險業務比重高，當市場下跌時，資產淨值可能受到影響 |
| 元大金（2885） | 主要業務為股票交易，當股市景氣不好時，獲利容易大幅下降 |

表5-5所列的金融類股因波動較大，且與市場景氣、股市表現高度相關，因此不適合作為保值帳戶的核心配置。

挑選適合的金融類股、電信類股配置至保值帳戶內，不僅能穩定領息、確保資產安全，還能對抗通膨、穩中求勝、長期獲利，符合保值帳戶的核心理念。

**美國債券與投資級公司債**

當通膨持續上升、經濟環境不確定，債券亦成為保值帳戶不可或缺的一環。特別是美國國債、高評級公司債、投資級公司債，因具備穩定配息、抗市場波動、信用評級高等特性，同樣是長期資產配置不

可或缺的工具。

想投資美債有兩種方式：直投債券與美債 ETF，兩者在本金安全性、流動性、收益模式上有很大不同（見表5-6）。

### 表5-6　直投債券 VS. 美債ETF

| | 直投債券 | 美債 ETF（台灣） |
|---|---|---|
| 保本與否 | 保本（持有到期日） | 不保本，價格容易波動 |
| 交易方式 | 需海外證券戶 | 台股市場可買賣 |
| 配息方式 | 半年配 | 季配息 |
| 流動性 | 低，提前賣可能虧損 | 高，可像股票一樣交易 |
| 投資標的 | T-Bond（Treasury Bonds，長期）、T-Note（Treasury Note，中期）、T-Bill（Treasury Bill，短期） | 元大美國政府 7 至 10 年期債券基金（00697B）、國泰 20 年期（以上）美國公債指數證券投資信託基金（00687B） |

由表5-6可知，若你希望有100%保本與固定收益，可選美國直債（需海外證券戶才能購買）；若想靈活交易且有穩定配息，那就選債券ETF（台灣股市可買）。

再來看看何謂投資級公司債？係指由信用評級在標準普爾（S&P Global Ratings）BBB級以上的大型企業所發行的債券。這些公司債相對安全，並提供比美國公債更高的利率，適合用來增加保值帳戶的收益。

## 表5-7 高評級／投資級公司債

| 評級 | 信用等級 | 風險 | 代表企業 | 公司債ETF（台灣） |
|---|---|---|---|---|
| AAA | 最高 | 最低 | 微軟 Microsoft | 中國信託10年期以上高評級美元公司債券ETF基金（00772B）、元大20年期以上AAA至A級美元公司債券ETF證券投資信託基金（00751B） |
| AA+、AA、AA- | 極高 | 極低 | 蘋果 Apple | |
| A+、A、A- | 高 | 低 | Google | |
| BBB+、BBB、BBB- | 投資級 | 可靠 | 特斯拉 Tesla | 元大20年期以上BBB級美元公司債券ETF基金（00720B）、群益ESG 20年期以上BBB投資級公司債ETF證券投資信託基金（00937B） |

依照表5-7來看，若想將美國投資級公司債納入保值帳戶中，或許可以考慮：

✓ 50％買入10年或20年美債ETF（如00697B、00687B）或以直債抗通膨、保值。

✓ 30％買入AAA高評級公司債（00772B），達到穩健收益，降低投資風險。

✓ 20％買入BBB投資級公司債（00937B），拉高投報率。

透過美國公債或直債，能確保資金抗通膨、保值，還能兼顧本金安全性，再搭配投資級公司債提升資金收益，就能打造一個穩健且持

續增值的保值帳戶。

## 收租型房地產（有正向現金流）

此亦為保值帳戶中的重要配置。為什麼收租型房地產亦適合做為保值帳戶的配置之一呢？

- ✓ 抗通膨能力強：房地產本身為實體資產，長期來看，房價會隨通膨上升，租金收入也會隨市場物價指數調整，即能提高對抗通膨的能力。
- ✓ 能穩定現金流，確保資產安全：收租型物件能帶來穩定租金收益，無論市場如何波動，只要租金能支應貸款、管理費、稅金等費用，就能確保資產長期保值，甚至增值。
- ✓ 低波動、風險可控：相較於股票、加密貨幣等資產，房地產的價格波動較小、穩定性高，只要物件精選得宜，市場需求穩定，幾乎不會發生劇烈貶值。
- ✓ 具槓桿效應，能放大資產：透過貸款買房，可用較少自有資金投資更大規模資產。若租金收入能支付貸款，長期下來待房價上漲，投資報酬率便會跟著大幅提升。

然而，並非所有房地產都適合納入保值帳戶，只有六都市區內能產生「正現金流」的物件，才可真正發揮抗通膨與穩健收益的效果，也因此挑選收租型房地產時，須注意以下條件：

- ✓ 選擇「正現金流」物件：當租金收入＞每月成本（本利攤房貸＋稅金＋管理費），即能產生「正現金流」。假設房價為1,000萬元、貸款為800萬元，貸款年限30年、利率2%，每月本利

攤約2.95萬元。若租金收入有4.5萬元，扣除貸款、稅金等，每個月的「正現金流」仍有約1萬元，這樣的物件就能穩定創造收益。

- ✓ 確保物件好出租：挑選高需求、低空屋率地段，像是市中心、交通樞紐（如捷運站、商業區）或具特性聚落（如大學城、科技園區等），租客需求穩定。亦能選擇租屋市場成熟的地區，一旦長期租客穩定，就能避免空租期過長影響現金流，像是生活機能完善區域（如學校、超市、醫院、辦公大樓）即可吸引較多租客。

- ✓ 精準挑選投資房型：不同房型的投資特性不同，套房的投報率高、租金流動性強，適合單身族、學生族；2至3房的標準住宅租屋族群穩定，適合長租家庭；商用不動產（店面、辦公室）雖租金收益高，但亦受景氣影響。購屋新手則建議選擇2房屋型，進可攻、退可守，確保穩定現金流。

- ✓ 避開「負現金流」物件：這些房子可能讓你賠錢，不適合做為保值帳戶。像是租金收入＜本利攤房貸的物件，每月還要額外拿錢補貼，等於「負資產」。此外，空置率高、難出租的物件，也容易因市場需求不穩定，導致長期無租金收入。尤其地點太偏僻的物件，房價增值有限，長期回報不佳，高投機性房地產（如炒作地段、豪宅）則因漲跌波動大不適合穩健投資。

簡單來說，收租型房地產（「正現金流」物件）亦是保值帳戶裡的重要資產，不但進可攻（透過房價增值創造更高資本利得）且退可守，即使房價下跌，租金仍持續進帳，確保現金流不斷，不但能在市

場上長長久久穩穩賺，也是保值帳戶的精髓。

## 成長型資產

這些資產在保值帳戶中的主要功能，為適度提升資產增值潛力，同時維持相對穩定的風險管理。雖漲跌波動較高，但這些資產能提供長期成長與抗通膨效果。而在保值帳戶中，成長型資產的配置應符合「穩健增值＋低槓桿＋相對低波動」原則：

### 指數型ETF：投報率長期高於市場平均值

其優勢為可降低投資個股的風險，適合想要資產穩定增值，且可適度承受市場波動的投資者，須長期持有。像是：

- ✓ 台股指數型ETF：如元大台灣卓越50證券投資信託基金（0050），即追蹤台股前50大權值股。
- ✓ 美股指數型ETF：Vanguard標普500指數ETF（VOO），關注S&P 500 或 VTI（Vanguard整體股市ETF），並追蹤美國市場。
- ✓ 全球指數型ETF：VT（Vanguard全世界股票ETF）追蹤全球股市，適合長期持有。

### 產業型 ETF：聚焦特定成長行業

此工具比起大盤指數雖有稍高波動，但能提供更高成長性，適合願意承擔波動，長期看好特定產業發展的投資者。例如：

- ✓ 科技類ETF：富邦科技台灣科技指數基金（0052），包含台積電、聯發科、鴻海等科技大廠。
- ✓ 半導體ETF：中國信託臺灣ESG永續關鍵半導體ETF基金（00891），包括台積電、聯電、日月光等。
- ✓ 綠能電動車ETF：中國信託臺灣綠能及電動車ETF基金（00896），如台達電、鴻海、長榮等。

**優質藍籌股：鎖定成熟型企業**

擁有強大護城河的企業，雖漲跌波動稍高，但具備長期增值潛力，適合希望透過優質企業增值資產，且能承擔風險的投資人。

- ✓ 台積電（2330）：全球半導體龍頭，長期穩定成長。
- ✓ 蘋果（AAPL）、微軟（MSFT）：市場地位穩固。
- ✓ 嬌生（JNJ）、可口可樂（KO）：穩健增值型消費股。

**加密貨幣**

像是比特幣（Bitcoin）即為加密貨幣龍頭，漲跌波動稍高，但長期來看擁有強勁的增值潛力。

總而言之，成長型資產的核心目標，就是在可控的漲跌波動範圍內，確保資產長期穩健增值。透過資產適當配置，善用指數型ETF、成長型產業ETF及藍籌股、比特幣和正向現金流的房地產投資組合，既能擁有資產增值潛力，還能維持穩定現金流，確保投資組合在市場波動中依然能穩健成長。

## 04 保值帳戶高效管理密技

建立保值帳戶的目標,就是穩健增值資產、穩定現金流收入,但若管理不當,資產增值可能受限,甚至暴露於風險之中。例如高股息ETF的股息可能產生波動,抑或遇到升息導致債券ETF價格下跌,甚至房地產租金無法支應房貸時,反而變成負擔。

因此,有效管理保值帳戶不只是得選對標的,更要懂得調整資產比例,了解資產再平衡與賣出策略。本章即教你如何透過分散投資與動態調整,確保帳戶穩健運作,持續創造財富。

### 分散投資

當你的保命帳戶與學習帳戶建立完成,投資能力也增進後,每月可將投資金額的90%配置於保值帳戶,確保資產穩健成長並產生固定現金流。例如,每個月將1萬元投入保值帳戶時,也別忘了根據個人風險承受能力,分散配置於不同標的,避免過度集中於單一投資,才能有效降低風險,守護資產安全(見表5-8)。

「4帳戶理財法」第三式：建立保值帳戶

### 表5-8 不同投資風格配置比率

| 投資風格 | 現金流資產 | 成長型資產 | 適用 |
|---|---|---|---|
| 保守型 | 80% | 20% | 本金大者（以低風險賺穩定現金流） |
| 穩健型 | 60% | 40% | 本金成長中者（兼顧資金成長與現金流） |
| 積極型 | 20% | 80% | 本金小者（追求資產增值，需承受大幅波動） |

✓ 目標為低風險、穩定領息：80%現金流資產配置、20%用於成長型投資工具（保守型）。

✓ 目標為穩健增值、抗通膨：60%的現金流資產配置，搭配40%的成長型投資工具（穩健型）。

✓ 目標為最大化資本增值：20%現金流資產配置，加上80%成長型投資工具（積極型）。

若你的財務目標是1,000萬元，屬於穩健型人格，每月可投入1萬元至保值帳戶，不妨這樣配置：

✓ 取60%做為現金流資產（6,000元），其中的30%投入台灣高股息ETF（00713、00878、0056），20%放入高評級公司債、投資級公司債（00937B、00772B等），最後的10%則可選擇電信類股、金融類股（如中華電、兆豐金）。

✓ 另外40％的資金做為成長型資產（4,000元），其中的20％可放入台股0050（台股前50大權值股）、10％投資VOO（美國S&P 500指數），10％則可購入微軟、台積電等個股。

表5-9　不同資產類型的年化報酬率差異

| 資產類型 | 配置比率 | 年化報酬率 |
| --- | --- | --- |
| 現金流資產（低波動的高股息ETF、電信股、金融股等） | 60% | 4～6% |
| 成長型資產（0050、VOO、台積電） | 40% | 7～10% |

若以前述假設計算，每月投入1萬元至保值帳戶，年化報酬率平均約6％，需30年才能達成1,000萬元財務目標。若想縮短時間，希望3～5年就能賺到1,000萬元，那就必須搭配高投報帳戶，利用更高成長性資產加速資本累積。

## 資產再平衡

即便最初已設定清晰的資產配比，但隨時間推移與市場波動，仍會逐漸偏離原先計畫，影響預期收益。例如股市大漲時，股票比例過高可能增加投資風險；債市下跌，則可能影響現金流穩定性。因此建議每6個月重新檢視並調整資產組合，確保投資策略一致，並藉由「買低賣高」提升長期投報率（見表5-10）。

## 「4帳戶理財法」第三式：建立保值帳戶

**表 5-10　未重新檢視、調整資產組合**

| 資產類別 | 初始比率 |
|---|---|
| 低波高息 ETF（00878、00713、00915） | 30% |
| 美債 ETF（00687B） | 15% |
| 金融股（中信金、兆豐金） | 15% |
| 成長型資產（0050、VOO、台積電） | 40% |

⬇

| 資產類別 | 比率失衡 |
|---|---|
| 低波高息 ETF（00878、00713、00915） | 32%（股價上漲，超過原比率） |
| 美債 ETF（00687B） | 9%（債券下跌，跌破原比率） |
| 金融股（中信金、兆豐金） | 16%（股價上漲，超過原比率） |
| 成長型資產（0050、VOO、台積電） | 43%（成長型資產增加） |

　　由表5-10可知，此時投資組合已明顯失衡，需要進行資產再平衡。該如何調整？建議可賣出超過原比率的資產，並買進低於原本比率的資產。

✓ 賣出2%低波高息的ETF、賣出3%成長型資產，再賣出1%的金融股（因價格上漲，超過原定比率）。

✓ 買入6%美債ETF（因價格下跌，適度加碼）。

調整後，也別忘了往後每6個月都要再做一次資產再平衡，以確保風險仍在可控範圍，且投資組合符合長期規畫，讓保值帳戶發揮最大效益，加速財富累積。

## 保值帳戶賣出時機

保值帳戶強調長期持有、低頻交易與複利增值，也因此許多人會誤解它是「永遠不賣」的帳戶。但真正的長期持有，必須建立在明確的買進理由之上，一旦理由不再成立，便應考慮賣出，避免資產受損。

舉例來說，當初買入金融類股是為了產生穩定、高殖利率的現金流，但若企業因盈餘下滑而減少配息，持續持有便毫無意義。像是2020年COVID-19疫情爆發，多數金融類股降低或暫停配息，此時便應毫不遲疑、果斷賣出。同樣地，若原本持有美債ETF是為了要穩定收益，但遇到美國聯邦準備理事會（The Federal Reserve System, The Fed）積極升息，易導致債券價格劇烈下跌，此時也應調整資產配置。

特別提醒，為理性應對市場漲跌波動，賣出時須遵循三大原則：

✓ 分批賣出，降低風險：避免一次性全部變現，改採分批方式逐步退出市場，觀察後續變化再做下一步決策。

✓ 再平衡後記得重新投入，避免資金閒置：若為了資產再平衡而賣出，應立即將資金轉投入適合當前市場的新標的，避免現金閒置，才能持續創造收益。

## Chapter 05 「4帳戶理財法」第三式：建立保值帳戶

✓ 避免情緒性賣出：市場劇烈波動（如金融海嘯或股市崩盤）時，應冷靜評估初始投資理由，別因恐慌而盲目跟風賣出，導致錯失後續反彈機會。

透過上述原則，定期檢視投資理由並理性調整資產，才能讓保值帳戶穩健運作，達成長期財務目標。

Chapter 06

# 「4帳戶理財法」第四式：掌握高投報帳戶

高投報帳戶的概念在於透過高波動、高槓桿的資產操作，以及進攻型投資策略，打破傳統資產增值的天花板，加速實現財務自由。

然而，它絕非盲目冒險，而是建立在有完整規畫的保命帳戶與學習帳戶之後，再將每月閒置資金的10%，透過有紀律且有效的風險管理投入其中，實現低風險、高成長的財富倍增效果。懂得掌握高投報帳戶，就能提前享受財務自由的人生！

# 01 揭秘投資高手低風險高報酬策略

人生贏家，絕非苦苦等待幾十年迎來財務自由，而是趁年輕、有熱情與精力時，就能自在選擇自己想要的人生。如果你希望3～5年內快速達成千萬財富目標，就必須徹底翻轉既有理財策略，採用更積極且具策略性的投資方式，讓錢真正為你工作，創造指數型財富增長。

這就是高投報帳戶的真正價值。很多人認為「高報酬＝高風險」、「低報酬＝低風險」，然而這種單純的直線性思考，容易讓人在投資時陷入兩難：究竟要追求穩健，還是獲得高收益？

事實上，真正的投資高手不會陷入這種「二選一」的迷思，而是能善用「槓鈴策略」，同時擁有穩定的「防守型資產」與「進攻型資產」，打造出低風險、高報酬的投資組合（見表6-1）。

投資高手的思維，並不是選擇單一的低風險或高風險投資，而是透過「槓鈴策略」，將資金劃分為兩大部分：

- ✓ 90%資金用以防守：以保本、穩定配息、低波動、能穩定成長的工具，長期增值。
- ✓ 10%資金用來進攻：以高槓桿、高波動賺取超額價差報酬。

## 「4帳戶理財法」第四式：掌握高投報帳戶

### 表6-1 投資小白 VS. 投資高手

| | 投資小白 | 投資高手 |
|---|---|---|
| 投資觀念 | 認為高風險＝高報酬 低風險＝低報酬 | 透過資產組合創造低風險＋高報酬的最佳平衡 |
| 投資攻略 | All In 單一工具，且不是過度保守就是操作高波動 | 90%防守＋10%進攻，兼顧穩定增值與快速翻倍 |
| 風險控制 | 不懂控制風險，一次錯誤就會導致資金損失 | 善於控制風險，懂得大賺小賠維持資產穩定成長 |
| 投報率 | 緩慢成長或暴起暴落，難以穩定長期獲利 | 長期穩定成長，並能抓住短期機會加速累積財富 |
| 最終結果 | 太保守→難以累積資產 太激進→導致高虧損 | 達成低風險＋高投報，加速財務自由 |

這就是投資高手之所以能創造低風險、高報酬的關鍵：以精準投資組合穩健布局、抓住爆發性成長機會。

### 高波動、高槓桿，會不會賠光所有的錢？

很多投資新手害怕將資金投入高投報帳戶，認為高波動、高槓桿的操作可能賠光所有的錢，導致對進攻型投資敬而遠之。實際上這種擔憂只會發生在不懂風險控管的投資者身上。真正的投資高手，會這樣操作「槓鈴策略」：

- ✓ 只將10%的閒錢投入進攻型（高投報）帳戶，即使全部虧損，對日常生活、其他資產的影響較為有限。
- ✓ 把90%資金存於保值帳戶，可確保資產安全。
- ✓ 進攻時做好止損、止盈的資金管理。
- ✓ 操作槓桿放大收益，讓資產快速增長。

舉例來說，假設你的每個月可投資金額為3萬元，依「槓鈴策略」可做如下分配：

- ✓ 90%（27,000元）投入保值帳戶，追求低風險的穩定成長。
- ✓ 10%（3,000元）放入高投報帳戶，積極進攻高回報。

上述操作的最壞情境就是損失3,000元，但27,000元會因你懂得風險控制而不受影響；最佳情境則是3,000元翻倍變成6,000元（假設以10倍槓桿操作，賺到10%價差本金就翻倍），還可提回3,000元本金回填至保值帳戶。虧錢有限，賺錢無限，正是高投報帳戶的價值！

## 高投報帳戶是賭博，還是投機？

許多人認為「高投報帳戶」只是高風險的賭博或投機，但事實完全相反。

*投資有風險，但絕不冒險*

# 「4帳戶理財法」第四式：掌握高投報帳戶

賭博和盲目投機憑的是運氣，毫無策略可言。然而高投報帳戶的關鍵在於以科學性策略、紀律和風控以小搏大，提升收益，它需要時間、學習與經驗累積，才能掌握市場節奏，穩定獲利。

透過表6-2可以得知掌握高投報帳戶的關鍵：

- ✓ 需要學習：投資絕非靠運氣，而是有策略和紀律。懂得掌握市場、判斷趨勢、管理資金、操作槓桿，這些才是成功投資的基本功。

表6-2 賭博投機 VS. 高投報帳戶

|  | 賭博投機 | 高投報帳戶 |
| --- | --- | --- |
| 核心思維 | 只在乎能賺多少不考慮風險，憑運氣或消息面操作 | 用最低風險賺到最大報酬，靠攻略與實力操作 |
| 風險控管 | 高風險 All In，輸了難回本 | 低風險投資，操作「槓鈴策略」 |
| 槓桿使用 | 無限槓桿或重倉壓注<br>爆倉直接輸光，或套牢崩潰 | 有紀律控管槓桿，確保最大虧損在可承受範圍內 |
| 投資方式 | 盲目跟單、追高殺低，別人說什麼就買 | 透過技術分析、趨勢判斷風控策略進場與出場 |
| 獲利模式 | 小賺大賠，最終將成被市場收割的韭菜 | 大賺小賠，賺錢無限 |
| 資金管理 | 賺了不走，只想翻倍，最終輸光 | 獲利後本金轉回保值帳戶穩中求勝，累積長期財富 |
| 最終結果 | 終成韭菜，資金歸零 | 快速累積財富 |

- ✓ 需要時間：想進步，就需要時間養成，而實力則決定獲利速度。沒有學習就沒有經驗，想隨便投資、隨便翻倍，結果就是常賠光本金。
- ✓ 需要實戰：市場變化無常，學習只是起點，透過小額資金實戰累積經驗，才能學會掌握市場規律，提升勝率。

簡單來說：高投報帳戶既不是賭博，也不是投機，而是必須先苦後甘努力一段時間，才能擁有一輩子的智慧財。

## 02　5步驟變投資高手

　　長期穩健與短期高成長是兩種截然不同的策略。高投報帳戶的特性是：高波動、高槓桿，以積極進攻為主，專注於短期內透過靈活交易來賺取超額價差。與保值帳戶追求長期穩健、靠時間和複利逐步累積財富不同，高投報帳戶講究策略、紀律、正確的心態和風險控管能力，才能有效實現短期的高成長，讓財富快速增值。透過表6-3就能明白，高投報帳戶與保值帳戶的投資邏輯截然不同。

　　「高投報帳戶能定期、定額投資嗎？」、「是不是要長期持有？」、「有沒有配息？」、「買了後可以躺平不理嗎？」如果你有這些疑問，那代表對高投報帳戶還不夠了解。事實上，高投報帳戶：

- ✓ 不能定期、定額投資，更不能躺平不理，因為市場波動劇烈，每筆交易都需看時機決定做多或做空。
- ✓ 不能長期持有，其價值來自短期波動與交易策略，而非長時間持有等待增值，如果錯過了賣出時機，可能會從賺錢變成賠錢的慘狀。
- ✓ 不是以領息為主，其收益來源是賺取交易價差，而不是穩定等待賺取股息或債息，也因此沒有領息、領租金、領被動收入的概念。

## 表6-3　保值帳戶與高投報帳戶差異

| 差異點 | 保值帳戶 | 高投報帳戶 |
| --- | --- | --- |
| 投資目標 | 穩健增值、保本抗通膨的賺被動收入 | 抓住趨勢，配合槓桿操作賺取超額價差 |
| 報酬來源 | 配息、股息、租金、債息的穩定增值 | 短線價差，配合槓桿放大收益 |
| 投報率 | 年化 4～6% | 年化 30～500%（甚至 1,000% 以上） |
| 花費時間 | 20～40 年 | 金融類投資約幾天至幾個月；房地產類約 1～3 年 |
| 獲利模式 | 靠時間與穩定收益累積資產（配息＋增值） | 靠技術與交易策略短期獲利（價格波動帶來超額收益） |
| 投資風險 | 低 | 高（不學習，沒投資攻略者）<br>低（有學習，有投資攻略者） |
| 交易策略 | 長期持有，定期定額投資，耐心等待市場增值 | 短線進出順勢交易，快速獲利了結 |
| 槓桿使用 | 無槓桿 | 高槓桿（2～100 倍） |
| 投資工具 | 高股息ETF、投資級債券、電信金融股、房地產（「正現金流」） | 股票、期貨、選擇權、外匯、加密貨幣永續合約、房地產（「負現金流」） |

　　如果用保值帳戶的方法操作高投報帳戶，可能會發現市場的高波動性、高槓桿讓你無所適從，甚至因為錯誤的認知導致錯誤的決策，

# 「4帳戶理財法」第四式：掌握高投報帳戶

結果虧光資金。

要記住，高投報帳戶是「進攻型資產」，而不是「被動等待增值」的保值資產。認知清楚，才能正確運用，發揮優其優勢。

「高投報帳戶該怎麼操作，才能有效獲利？」無論你選擇哪種高投報工具：期貨、加密貨幣永續合約、外匯、選擇權、房地產（「負現金流」）甚至槓桿型股票交易，都必須遵循五大步驟，才能在市場中生存並獲利。尤其這五大步驟，將幫助你從投資新手升級為投資高手（見表6-4）：

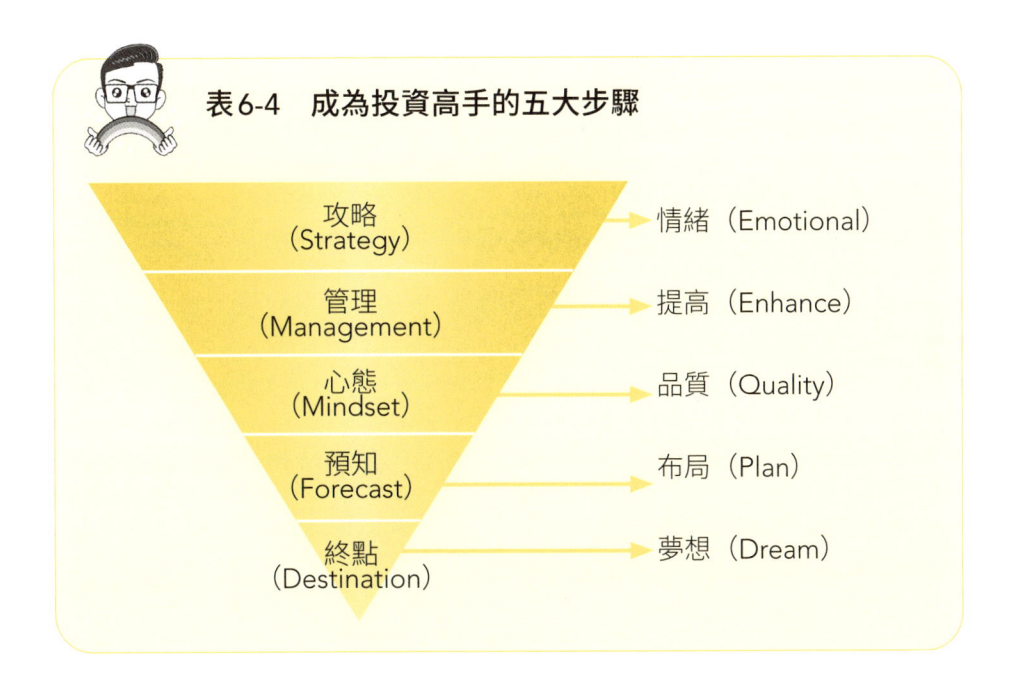

**表6-4　成為投資高手的五大步驟**

|  |  |
|---|---|
| 攻略（Strategy） | 情緒（Emotional） |
| 管理（Management） | 提高（Enhance） |
| 心態（Mindset） | 品質（Quality） |
| 預知（Forecast） | 布局（Plan） |
| 終點（Destination） | 夢想（Dream） |

## 步驟一：攻略

勝率來自攻略，而非運氣。如果交易只是憑感覺進出，往往會被市場情緒影響，導致頻繁追高殺低、賠錢出場。真正的投資高手，都有一套完整的買賣攻略，以確保自己始終站在勝率較高的一方。

而攻略的核心是解決情緒化交易問題，也就是要有標準化的進出場策略，避免因貪婪與恐懼做出錯誤決策。表6-5就能看出有攻略與沒攻略的差別：

簡單總結，投資攻略決定投資勝率：

### 一、沒有攻略：

- ✓ 買在高點套牢，投資只是賭博。
- ✓ 沒有出場計畫，獲利時捨不得賣，結果從賺變賠。
- ✓ 沒有風控，遇市場崩盤資本腰斬，最終無法翻身。

### 二、有攻略：

- ✓ 明確找到進場點位，買在低風險、高報酬位置，提高勝率。
- ✓ 設定停損與獲利目標，避免情緒影響決策。
- ✓ 能在低風險狀態下投資賺錢。

### 表6-5 有攻略 VS. 無攻略

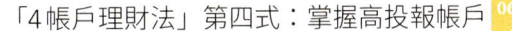

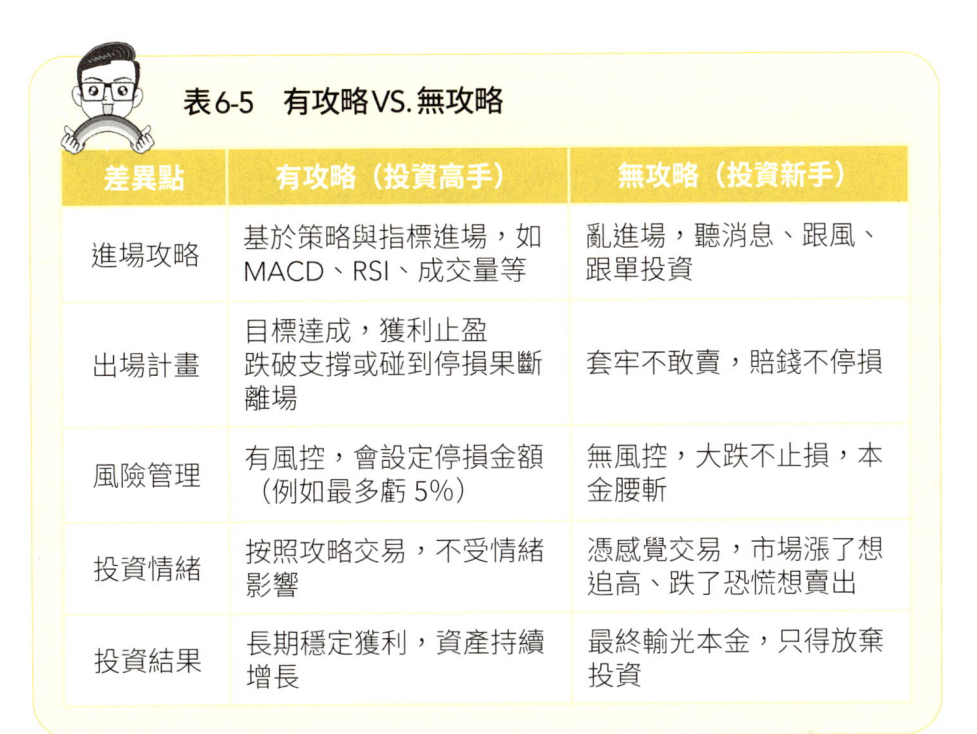

| 差異點 | 有攻略（投資高手） | 無攻略（投資新手） |
|---|---|---|
| 進場攻略 | 基於策略與指標進場，如 MACD、RSI、成交量等 | 亂進場，聽消息、跟風、跟單投資 |
| 出場計畫 | 目標達成，獲利止盈 跌破支撐或碰到停損果斷離場 | 套牢不敢賣，賠錢不停損 |
| 風險管理 | 有風控，會設定停損金額（例如最多虧5%） | 無風控，大跌不止損，本金腰斬 |
| 投資情緒 | 按照攻略交易，不受情緒影響 | 憑感覺交易，市場漲了想追高、跌了恐慌想賣出 |
| 投資結果 | 長期穩定獲利，資產持續增長 | 最終輸光本金，只得放棄投資 |

## 步驟二：資金管理

投資不是單靠一次交易就能致富，而是一場長期的勝率遊戲。即使交易策略再好，若缺乏有效資金管理，一、兩次失誤可能造成本金嚴重損失。因此掌握資金管理技巧，比單純選擇投資標的更為重要。何謂資金管理？

- ✓ 控制風險，確保每筆交易的虧損在可控範圍。
- ✓ 行情有利時放大獲利，最大化賺錢機會。
- ✓ 長期保持大賺小賠結果，讓資本穩定成長。

投資不是單純的「進出場策略」，而是買進後，如何運用止盈、止損、槓桿、安全槓、對沖、加倉與反擊等資金管理技巧，確保投資盈虧比始終大賺小賠，才能在市場上活得更久、賺得更多！

## 一、不做資金管理，長期下來大賠小賺，本金歸零

- ✓ All In投資：「機會難得，直接 All in！」結果市場一跌，賠光本金。
- ✓ 不設停損：「應該還會漲回來吧……」結果就是一路跌、一直死扛，反彈無望。
- ✓ 胡亂攤平：「跌了加碼攤平，總有一天會漲回去。」結果愈攤愈平，卡死資金。
- ✓ 小賺就跑：「漲5%就賣，後來竟漲了50%！」沒能充分發揮交易潛力。

## 二、有做資金管理，長期下來大賺小賠，本金穩定增長

- ✓ 降低風險：最大虧損範圍都在你的掌握之中。
- ✓ 動態停利：行情大漲時，止盈、對沖、安全槓動態往上調整。
- ✓ 放大獲利：當趨勢來時逢低加倉，放大獲利。
- ✓ 降低損失：遇虧損時透過止損或反擊策略，降低損失。

# 「4帳戶理財法」第四式：掌握高投報帳戶

投資小白每次出手都希望100%賺錢，但投資高手知道這是不可能的任務，所以懂得大賺小賠才能讓財富翻倍。切記：

- ✓ 資本就是子彈，不要亂浪費！
- ✓ 只在勝率高時出手，每筆交易風險都必須可控！
- ✓ 交易的關鍵不是每次賺，而是大賺小賠確保財富增長！

## 步驟三：心態

許多人以為投資就是「找到買賣點」，但真正決定勝負的其實是你的心態。如果投資只是單純的數學題，那麼只要背好技術分析，按指標買賣，人人都能賺大錢。但現實是多數人做不到，因為，人性比市場更難掌控。

當市場大漲時，貪婪讓人害怕錯過，結果FOMO（Fear of Missing Out，害怕錯過）追高被套牢；市場大跌時，恐懼又讓人FOMO地在最低點賣出。即使你有完美的交易策略，但面對市場情緒依然會影響決策，這就是高手與新手的最大區別。為什麼投資心態如此重要？因為市場永遠在測試人性，但大部分的人都輸給了自己的情緒。

### 一、投資新手常見的錯誤投資心態

- ✓ 沒賣就不算虧損：死抱爛股、爛房產，最後愈套愈深。
- ✓ 短線變長線：被套牢後開始自我安慰，改變原先計畫。
- ✓ 逃避現實不願止損：看著資金腰斬，卻說服自己「再等等」，

結果逃不了連續下跌，直接躺平逃避現實。
- ✓ 小賺就跑，大賠死扛：小賺就趕快賣掉，大賠卻拗單死扛，長期下來變成小賺大賠。
- ✓ 市場熱時FOMO追高，市場恐慌時割肉出場：結果就是「追在最高點，賣在最低點」，成為韭菜。

### 二、投資高手，這樣思考
- ✓ 果斷止損：不拗單，虧損在可接受範圍。
- ✓ 按交易計畫：遇波動時不隨意改變交易計畫。
- ✓ 遵守投資紀律：短期有贏有輸，長期遵循紀律。
- ✓ 不FOMO跟風：市場永遠有機會，按攻略走不追高殺低。

*真正的投資高手，都是心理素質極強的人*

以下三大關鍵心態，能幫助你穩定交易品質，提高勝率：

### 一、交易不是「對錯」，而是「機率」

投資虧損並非錯誤決策，而是機率問題。就算勝率是70%（出手10次、7次賺錢、3次虧錢），但重點不是賺錢的那7次，而是要確保3次的虧損不能輸光所有資產。

- ✓ 投資本有風險，要關心「長期期望值」，而非短期輸贏。
- ✓ 假設交易攻略的平均盈虧比是3：1（賺3賠1），那麼只要掌握30%的勝率就能穩定獲利。這也就是為何交易的關鍵不是

「每次都賺」，而是「賺多賠少」。

## 二、接受虧損，學會止損

投資新手無法接受虧損，認為只要不賣就不算賠錢，結果死抱扛單，最後資金被套住。但高手知道：「看錯方向就要認輸，不要扛單，要在止損價位時果斷離場，才能保留資金等待下次機會！」所以，正確的做法是：

- ✓ 每筆交易前先想好「最壞情況下能接受多少虧損」。
- ✓ 設定停損點，一旦觸發就果斷賣出，不再猶豫。
- ✓ 留得青山（本金）在，不怕沒柴燒，千萬別拗單！

## 三、市場永遠有下一次機會

許多投資新手交易時太過緊張，總覺得錯失這次就沒機會了，結果衝動進場，反而賠錢。事實上市場每天都有新機會，你的目標不是「每次賺」，而是「等待最好時機出手」。

- ✓ 有耐心等待市場機會，而非隨便進場！
- ✓ 交易是場馬拉松賽事，不是百米衝刺，短期虧損沒關係，重要的是長期贏！
- ✓ 永遠不可能抓住每波行情，專注高勝率交易上！

心態，是投資中最難掌控的一環，但也是決定能否成為投資高手的關鍵。真正的投資高手不是每次都贏，而是長期保持冷靜，有紀律地執行，最終獲得回報。調整好心態，脫離「韭菜思維」，才能站在市場贏家的那一邊。

## 步驟四：預知

投資市場中最危險的事，就是毫無準備地進場。尤其劇烈波動時沒有預先計畫的人往往會被情緒主導投資決策，最後錯失賺錢良機，甚至賠錢出場。預知的核心，就是在市場發生變化前規畫好各種應對策略，讓自己在交易時不受情緒影響，而是知道自己該做什麼，不是臨場決定。

**沒有布局的投資新手容易犯的錯誤：**
- ✓ 價格暴漲時貪婪不想賣：最後利潤回吐，賺的錢又賠回去。
- ✓ 價格暴跌時恐懼而捨不得止損：結果愈套愈深爆倉出場。
- ✓ 想要加倉卻沒任何計畫：交易變成衝動行為，而不是有計畫的執行。

切記！所有投資都需要提前布局計畫，而非等到市場有所變動時才臨時反應。

投資市場永遠充滿不確定性，從表6-6的比較不難發現，高手與新手的區別在於是否事先布局：
- ✓ 提前規畫好應對策略，確保市場變動時知道該做什麼。
- ✓ 用理性控制交易，而不是讓情緒影響決策。

「4帳戶理財法」第四式：掌握高投報帳戶

✓ 投資高手不是在市場變動時才思考，而是在市場變動前就已經做好準備。

### 表6-6　投資新手的挑戰

| 市場情況 | 面臨問題 | 預知布局 |
| --- | --- | --- |
| 價格漲破關鍵阻力位 | 分批獲利了結，還是持續持有？ | 賣一半，保留部分利潤觀察是否繼續上漲 |
| 價格跌破關鍵支撐位 | 執行止損，還是等待回彈？ | 設止損點，跌破關鍵點位就果斷離場 |
| 行情劇烈波動（上下插針） | 是否需要對沖套利，減少風險？ | 做對沖，鎖住原本利潤降低風險 |
| 價格短線下跌開始反彈 | 是否趁機加倉，逢低買進？ | 確認趨勢後，再小幅加倉，避免盲目補倉 |

## 步驟五：終點

投資沒有真正的終點，只有不斷的突破與成長。當你掌握了攻略（策略）、管理（資金控管）、心態（情緒穩定）、預知（事先布局），最後終將迎來財富目標，實現夢想。

此外，投資不是單次性勝利，更是一場持續進化的過程。就像是當你賺到人生的第一個100萬元、1,000萬元，就會開始思考更長遠的財富自由計畫，甚至進入更高層次的資本運作領域。

> **投資，不只是賺錢，**
> **而是讓錢為你工作，實現財富自由！**

尤其投資高手的終點，不只是單純賺到一筆錢，而是擁有一個能持續複製的獲利系統，讓資本穩定成長。

成功的投資系統則包含以下四大核心，也是構成穩定賺錢的能力，無論市場怎麼變動都能從中獲利：

- ✓ 高勝率的進出場策略（根據市場趨勢進行最有利交易）。
- ✓ 嚴格資金管理（大賺小賠、控制虧損，放大利潤）。
- ✓ 強大投資心態（不被市場情緒影響，保持紀律）。
- ✓ 事先預知計畫（無論市場如何變動都有應對方案）。

我知道，許多人投資的目標只是賺錢，但真正的投資高手，從來不只是為了「短期賺錢」，而是為了打造可持續收益的財富系統（見表6-7）。

透過穩定的交易系統與正確的投資心態，賺到人生的第一桶金後你會發現：這並不是結束，而是另一場更大挑戰的開始！

- ✓ 第一個100萬元，讓你看見財富的可能性。

✓ 第一個 1,000 萬元，讓你思考如何創造被動收入。
✓ 第一個 1 億元，進入真正資本市場創造更多機會。

投資的終點，不是某個數字的達成，而是創造並擁有了一個可持續、可複製、能不斷成長的財富系統，讓自己不再需要為了錢而工作，而是讓錢為你工作！

表 6-7　短期思維 VS. 長期思維

|  | 短期思維（投資新手） | 長期思維（投資高手） |
| --- | --- | --- |
| 投資目標 | 想快速賺到一筆錢 | 建立持續收益財富系統 |
| 交易心態 | 市場變動就焦慮，沒有紀律、沒有計畫 | 理性看待波動，有紀律且按計畫執行 |
| 資金管理 | 重壓單一標的，想靠一次交易暴富 | 控制倉位，穩中求賺確保每筆交易風險可控 |
| 應對方式 | 沒有布局，端看市場狀況臨時決定 | 事先布局，確保每種情境都有應對方案 |
| 財務自由計畫 | 賺到錢就花掉，沒有長期資本累積概念 | 賺到錢贖回放入保值帳戶，打造長期現金流 |

## 03 如何低風險翻倍資產？

許多人希望透過投資來累積財富，但僅憑保值帳戶是不夠的。假設每月定期、定額投資1萬元，年投報率6%計算，需花30年才能累積1,000萬元。如果想在3～5年內達成1,000萬元的財富目標，就需要一套兼顧風險控管與高報酬的策略，讓本金成長加速。但這並不是「高風險賭博」，而是透過「槓鈴策略」降低風險，同時讓資產更快翻倍。

然而，資產翻倍不能光靠運氣，還得要有能力。成功投資人不是因為他們勇敢，而是因為清楚何時出手、如何控制風險，以及如何掌握翻倍機會，這些技巧都需要透過學習與實戰鍛鍊，也就是需要打好學習帳戶的基礎，才能在進攻時發揮優勢。

### 你需要有翻倍的能力

想用小錢賺大錢，就必須具備翻倍的能力。透過高波動、高槓桿的金融產品，能幫你達成翻倍計畫。然而高波動和高槓桿也伴隨較高風險，因此必須搭配嚴謹的資金控管與風險管理機制。如果你有100萬元本金，想在5年達成1,000萬元，可以怎麼做？

# 「4帳戶理財法」第四式：掌握高投報帳戶

## 一、配置80%資金用以防守（保值帳戶）

配置80萬元在低風險資產，如低波動高股息ETF、投資級債券、金融股等，年化報酬率約6%，那麼5年後透過複利，80萬元將增值至約108萬元。這代表即使以20萬元的進攻部位賠光，5年後仍然保本，甚至小賺。

## 二、配置20%資金用以進攻（高投報帳戶）

配置20萬元在高波動、高槓桿資產，如期貨、選擇權、加密貨幣永續合約、外匯等，透過交易或進攻策略年化報酬率約30～500%，甚至可能更高，也就是說若想從20萬元翻倍成1,000萬元，共需翻倍6次（如下列舉），但這需要高勝率投資攻略，加上謹慎的資金管理。

- ✓ 20萬元→40萬元（第一次翻倍）。
- ✓ 40萬元→80萬元（第二次翻倍）。
- ✓ 80萬元→160萬元（第三次翻倍）。
- ✓ 160萬元→320萬元（第四次翻倍）。
- ✓ 320萬元→640萬元（第五次翻倍）。
- ✓ 640萬元→1,280萬元（第六次翻倍）。

如何達成第一次翻倍，讓本金從20萬元到40萬元（見表6-8）？先將20萬元投入進攻型帳戶，再分成90%（18萬元）防守、10%（2萬元）用來槓桿操作。假設2萬元開100倍槓桿可獲得200萬元倉位，上漲做多賺10%，或是下跌做空賺10%。

　　200萬元倉位×10%＝20萬元利潤。

　　20萬元本金＋20萬元利潤＝40萬元。

## 表6-8　首次進攻，資金翻倍操作

20萬元進攻 → 18萬元防守
　　　　　→ 2萬元保證金開槓桿 → 2萬元開100倍槓桿＝200萬元倉位 → 200萬元倉位賺到10%＝20萬元 → 20萬元→40萬元翻倍成功

　　第二次翻倍（40萬元變成80萬元），則是用賺得的40萬元本金進攻，將之分成90%（36萬元）防守，10%（4萬元）操作槓桿（見表6-9），當4萬元開100倍槓桿即可獲得400萬元倉位，上漲做多賺10%，或是下跌做空賺10%。

　　400萬元倉位×10%＝40萬元利潤

　　本金40萬元＋利潤40萬元＝80萬元

「4帳戶理財法」第四式：掌握高投報帳戶

### 表6-9 再度進攻，資金翻倍操作

- 40萬元 進攻
  - 36萬元 防守
  - 4萬元 保證金 開槓桿 → 4萬元開100倍槓桿=400萬元倉位 → 400萬元倉位賺到10%=40萬元 → 40萬元→80萬元 翻倍成功

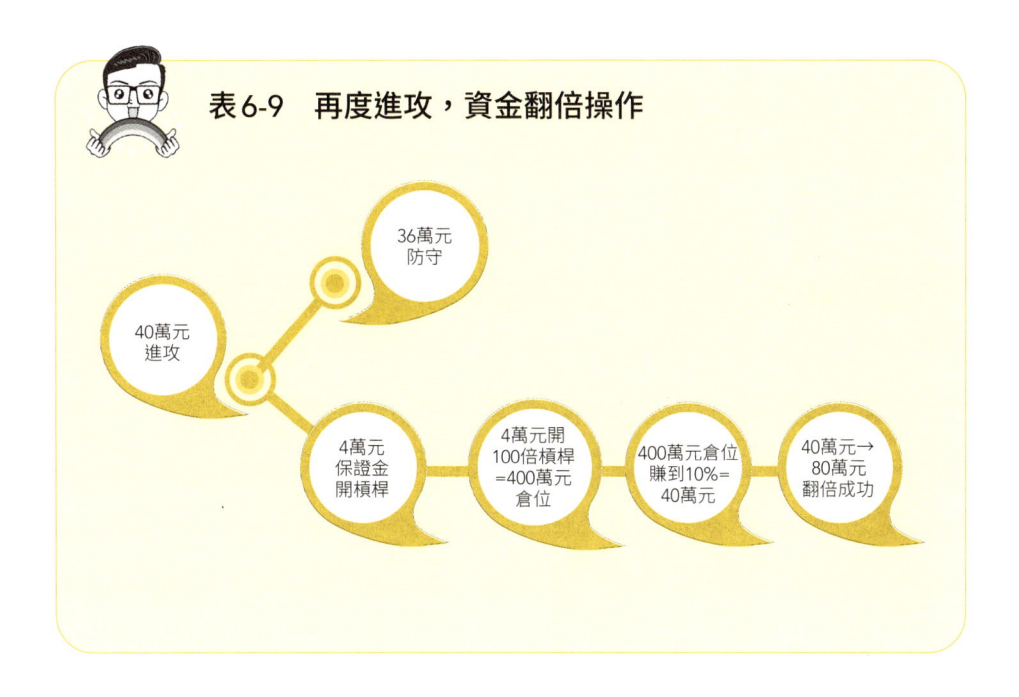

如此循環，最終就會得到如表6-10的翻倍金額：

### 表6-10 資金翻倍6次翻倍操作

| 翻倍次數 | 總資金 | 防守本金（90%） | 進攻保證金（10%） | 槓桿100倍倉位 | 假設賺10% | 翻倍後資金 |
|---|---|---|---|---|---|---|
| 1 | 20萬元 | 18萬元 | 2萬元 | 200萬元 | 20萬元 | 40萬元 |
| 2 | 40萬元 | 36萬元 | 4萬元 | 400萬元 | 40萬元 | 80萬元 |
| 3 | 80萬元 | 72萬元 | 8萬元 | 800萬元 | 80萬元 | 160萬元 |
| 4 | 160萬元 | 144萬元 | 16萬元 | 1,600萬元 | 160萬元 | 320萬元 |
| 5 | 320萬元 | 288萬元 | 32萬元 | 3,200萬元 | 320萬元 | 640萬元 |
| 6 | 640萬元 | 576萬元 | 64萬元 | 6,400萬元 | 640萬元 | 1,280萬元 |

當然，表6-10是最理想的狀況，現實面可能不會如此順利，所以還需要考量**買賣攻略**、**風險管理**、**投資心態**等3面向。以下展開說明：

## 買賣攻略

想達成翻倍結果的關鍵核心，就是找到最佳進場點與離場點。好的進場點能讓你趁著價格優勢時提高勝率；好的離場點，則能確保有效鎖定獲利、控制風險，避免市場逆轉造成損失。

然而，何時進場、離場並非單靠感覺或市場熱度判斷，而是需有完整買賣策略（總經、基本面、籌碼、技術分析）提高勝率。

### 買賣攻略三大核心：趨勢、技術、主力思維

**一、確認市場趨勢**

先判斷市場是多頭還是空頭，因為這決定投資勝率。不該在空頭市場做多，也不該在多頭中隨便做空。但要如何確認？

- ✓ 上升趨勢（牛市）→買進並持有（順勢做多）。
- ✓ 下降趨勢（熊市）→減倉或做空（順勢避險）。
- ✓ 震盪趨勢（盤整）→買低賣高，短線交易為主。

以下則是常用來判斷市場方向的指標與數據：

- ✓ 移動平均線（Moving Average, MA），台股中常見均線包括：

# 「4帳戶理財法」第四式：掌握高投報帳戶

- 短期趨勢：5MA（週線）、10MA（雙週線）。當價格站穩20MA和60MA之上即為多頭趨勢。
- 中期趨勢：20MA（月線）、60MA（季線）。價格跌破20MA和60MA之下就是空頭趨勢。
- 長期趨勢：120MA（半年線）240MA（年線）。價格處於20MA和60MA之間震盪等於盤整市場。

✓ MACD指標（見表6-11）：

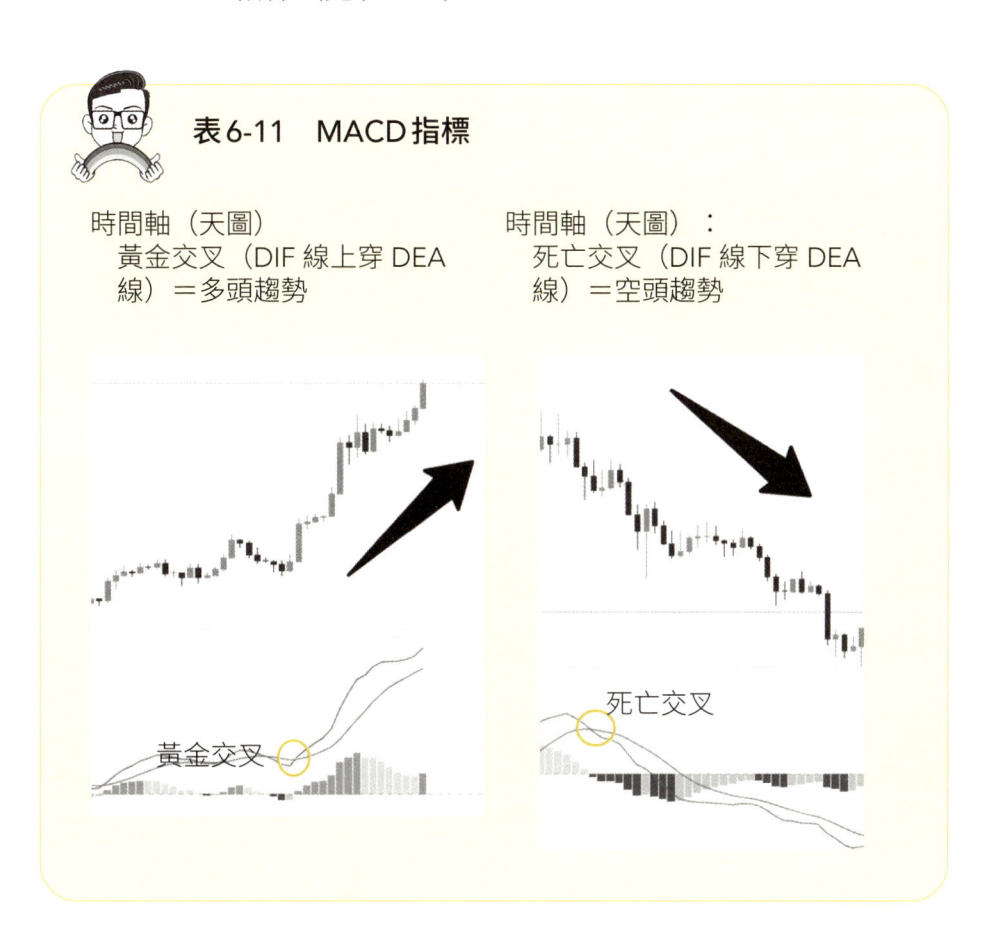

### 表6-11　MACD指標

時間軸（天圖）
　黃金交叉（DIF線上穿DEA線）＝多頭趨勢

時間軸（天圖）：
　死亡交叉（DIF線下穿DEA線）＝空頭趨勢

黃金交叉

死亡交叉

✓ 趨勢線（Trendline）：趨勢線是手繪支撐線與壓力線，用來視覺化市場的上升或下降趨勢（見表6-12）。

**表6-12 多頭趨勢**

- 連接一系列較高的低點，變成上升趨勢線，價格若在趨勢線上方＝多頭趨勢。

- 連接一系列較低的高點，變成下降趨勢線，價格若在趨勢線下方＝空頭趨勢。

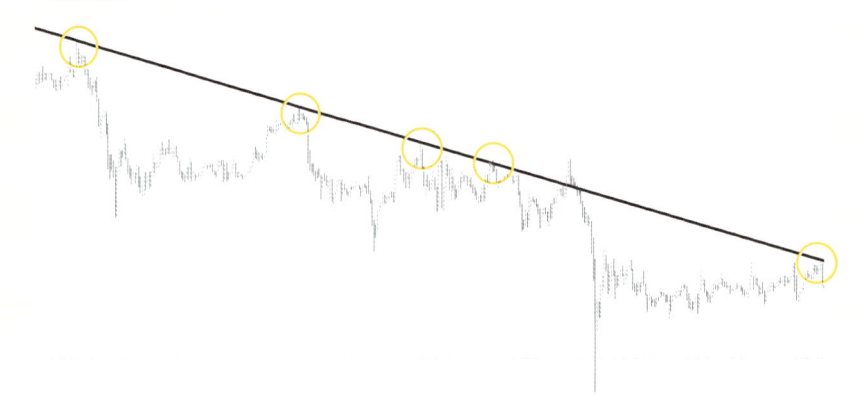

## 二、總體經濟數據

✓ 利率變化：中央銀行政策會直接影響市場趨勢。
- 升息→資金流出風險資產＝熊市。
- 降息→資金流入市場＝牛市。

✓ 通膨數據CPI（Consumer Price Index，消費者物價指數）。
- 上升→央行可能升息，市場轉弱。
- 下降→央行可能降息，市場轉強。

## 三、資金流向

趨勢的持續性取決於市場資金的流動，以下是關鍵指標：

✓ 成交量（Volume）
- 價格上漲＋成交量增加＝趨勢健康。
- 價格上漲＋成交量縮小＝可能是假上漲。
- 價格下跌＋成交量放大＝可能是恐慌性拋售（機會點）。

✓ 主力資金流入與流出
- 股價上漲，但機構投資者（外資、法人）開始賣超，代表趨勢可能結束。
- 股價下跌，但機構投資者開始買超，代表可能是底部。

透過這些指標可發現，如果顯示多頭趨勢，那麼買進並持有的勝率較高；若這些指標顯示空頭趨勢，則應考慮避險或做空。掌握市場趨勢，就是投資成功的關鍵！

## 風險管理

在高波動、高槓桿的投資市場，能活下來並持續投資比什麼都重要。許多人執行高槓桿策略時，最常犯的錯誤就是過度重壓、無視風險，導致一次失敗本金腰斬，很難翻身。

但真正的高手知道投資並非每次都順利，因此會設計一套資金管理機制，確保遭逢失敗仍能繼續操作賺錢。也就是說，風險管理就是在市場不如預期時，仍能保住本金避免被市場淘汰。這需要嚴格的資金控管、適當的槓桿比例分配以及靈活的應變策略。

**一、計算單筆交易最大虧損金額**

許多人進攻虧損，不是因為錯誤的交易策略，而是一次交易虧太多導致本金大幅縮水，無法翻身。要明白，高勝率不等於百分之百不會賠，計算「最壞情況會輸多少錢」，才能確保即使發生虧損也不影響後續交易。

如何計算單筆交易可接受的最大虧損金額？

$$可接受最大虧損 = 保證金 \times 槓桿倍數 \times 止損\%$$

無論是做外匯、期貨、加密貨幣永續合約或是房地產，可接受最大虧損的算法都是一樣。只不過房地產沒有辦法馬上止損出場，故不在這邊討論。

假設你有20萬元,每次可接受最大虧損金額是總資金的5%(1萬元),若進攻保證金是2,000元,槓桿倍數100倍,止損距離5%:

2,000元×100倍槓桿×5%＝輸1萬元

這意味著,就算失敗一次,損失也才5%,仍有足夠資本翻倍。

**二、精算槓桿倍數**

許多投資新手認為「槓桿愈大,翻倍速度愈快」,但現實是槓桿過大,市場稍微波動就可能爆倉。真正的高手會評估市場波動性、止損範圍、保證金大小、可接受的最大虧損,選擇適當的槓桿倍數,讓一切投資都在低風險和可控制範圍之內。

**三、分批進場**

在高波動的市場中,投資高手都會採用「分批進場＋逐步加碼」降低進場風險。

例如分2次進場。在第一次進場時,先投入50%的進攻型資金,確保市場方向沒錯。當價格下跌到反彈點或支撐點時,可以再補倉50%做第二次進場,讓平均價格更有優勢。同時,補倉的價位也需讓最終平均價格能符合盈虧比,保持大賺小賠。

**四、盈虧比至少3：1**

投資新手交易時不懂盈虧配比導致大賠小賺,帳戶縮水。但高手

的策略是每筆交易的盈虧比為3：1，確保即使勝率只有40%（10次交易，4次獲利、6次虧損）仍能獲利。當然，可透過分批進場，提升盈虧比。

　　4次獲利，每次賺3,000元→總獲利12,000元

　　6次虧損，每次賠1,000元→總虧損6,000元

　　最終淨利潤＝12,000-6,000＝賺6,000元

　　從上可知，即使勝率低於50%仍能賺錢，且能維持資金長期成長。

## 投資心態

　　在投資成功的三大要素「買賣策略、風險管理、投資心態」中，投資心態往往是影響投資結果的決定性因素。即使有完美的交易策略與風控計畫，如果心態不穩，依然會做出錯誤的決策，最終影響投資績效。

　　許多人誤以為投資的關鍵在於找到「最好的進場點」或「最準確的技術指標」，但其實真正決定勝負的，是你能否具備長期投資的耐心、穩定的交易紀律，以及面對市場波動時的心態控制能力。這就是為什麼成功的投資者，從來不是靠運氣賺錢，而是用老闆的心態經營自己的投資（見表6-13）。

### 表6-13 老闆思維 VS. 賭徒思維

| 老闆思維 | 賭徒思維 |
| --- | --- |
| 考慮風險。每筆交易前計算可接受的最大虧損金額 | 不考慮風險。僅關心短期賺多少，不願意面對可能的損失 |
| 設定合理的止損，確保交易紀律大賺小賠 | 不設止損，無限攤平。虧損時不願認輸，直到完全輸光 |
| 理解市場有波動，專注長期績效，而非單次交易結果 | 期望每次交易100%賺錢，當發生虧損時情緒失控 |

投資心態的建立，離不開風險管理、長期視角、交易紀律。這些關鍵心態能幫助你在市場波動中保持冷靜，確保始終按照計畫執行交易，而不會隨著市場情緒起伏而犯錯。

## 一、風險可控制，才能安心持有

投資時，最忌諱的就是「預期市場100%按照計畫走」。但市場是滾動的，沒有人能完全掌控未來。只能透過風險管理，確保即使市場走勢不如預期，仍可生存，並持續賺錢。

如何建立風險可控心態？

- ✓ 每筆交易前，先計算最大可能虧損，確保不影響總體資金。
- ✓ 設定合理止損，不讓單筆虧損影響整體資產配置計畫。
- ✓ 使用適當的槓桿，不因市場小波動就賠光。

假設你有100萬元，單筆交易的風險設定為5%，那麼每次投資最多承受5萬元損失。但若沒有風險控制，一次虧掉50%以上，那麼你

的投資旅程可能直接結束。

## 二、長期視角：短期波動不是重點

許多投資新手失敗的原因，就是過度關注短期漲跌，而忽略了長期趨勢。然而價格的短期變化，不能代表真正價值（見表6-14）。

表6-14 投資高手VS.投資新手的視角

| 投資高手 | 投資新手 |
| --- | --- |
| 市場下跌時，評估是否可以低價買入 | 市場下跌時情緒恐慌，結果賣在最低點 |
| 在市場高點時謹慎，避免 FOMO 追高 | 市場漲得快時急著追高，結果買在最高點 |
| 關注 3～5 年的投資報酬，而不是每天的漲跌 | 每天關心股價變動，情緒隨之起伏劇烈 |

但要如何建立長期視角？首先，必須回顧市場歷史，了解目前趨勢。此外，亦需設定長期目標，而非關注每日價格波動，避免短線頻繁交易，專注於趨勢，而非聚焦短期市場情緒。當你能夠忽略市場的短期波動，就能具備正確的投資心態。

## 三、紀律執行：別讓市場情緒影響交易

市場情緒是影響投資決策的最大敵人。許多投資者在市場上漲時FOMO，在市場下跌時恐慌賣出，結果總是買在高點，賣在低點。如

# 「4帳戶理財法」第四式：掌握高投報帳戶

何保持交易紀律？

- ✓ 設定交易計畫：包括目標價格、止盈點、止損點都應在交易前就設定好，避免「賺一點就賣、賠錢就拗單，死不認輸」的散戶心態。
- ✓ 建立「機械化交易」思維：交易決策應基於數據，而不是情緒。

例如，當RSI（Relative Strength Index，相對強弱指數）小於30時，MACD黃金交叉就該進場，而不是靠「感覺這波應該會漲」來決定。透過以上買賣攻略、風險管理、投資心態，理論上有機會能在5年之內透過6次翻倍，就能從20萬元的進攻資金，成長為1,000萬元。

然而，投資並非紙上談兵，尤其市場充滿變數與不確定性。因此這條資產翻倍之路，並不是直線前進，而是充滿波動與挑戰。但達成這個目標不是不可能，但需要技巧、耐心與紀律。你可能會遇到市場震盪，導致進攻部位獲利不如預期；你可能會發現某次交易虧損，讓翻倍計畫需要多幾次調整。但只要基本功扎實、風險管理嚴格、心態穩定，這條路雖然會比預期稍長，但終究會達成目標。

> *夢想可能遲到，卻不會缺席！*
> *只要持續努力*

投資，就像健身一樣，不是一夜之間就能鍛鍊出完美身材，而是透過日復一日的堅持與訓練，讓自己愈來愈強壯。而投資這條路上，市場會考驗你、行情會動搖你的決心，但只要計畫正確，你也願意持

續學習、徹底執行，1,000萬元的目標絕對可以達成。

　　要記住！你不是一個人戰鬥，而是在與市場學習，讓自己進步。當你回頭看時就會發現：每一次的堅持，每一次的耐心，最終都讓你站在更高的地方，擁有更自由的人生。

# 04 投資不賠錢？避開八大致命錯誤

你是否曾因看見別人賺錢就急著進場投資，結果卻買在最高點？又是否在賠錢後不甘心，一次次加碼攤平，最後愈補愈深，資金被套牢動彈不得？還是說曾經聽信財經名嘴盲目跟風投資，最後發現自己只是「接盤俠」？事實上投資新手最常犯有八大致命錯誤（見表6-15）。

不過別擔心，你並不孤單！這些錯誤，幾乎是所有投資新手的必經之路。市場從不缺機會，缺的是能避開陷阱的能力。當你知道該避開哪些錯誤，就能比90%的人更接近成功。

### 錯誤一：「梭哈」投資（All In）

之所以會 All In，通常是因內心出現這種聲音：
- ✓ 「之前虧太多了，這次一定要翻本，把錢全部賺回來！」
- ✓ 「機會難得一定要壓大，否則錯過再也翻不了身！」
- ✓ 「某檔股票有人壓大錢後短時間內就翻倍，我也要賺！」

### 表6-15 投資新手常犯八大致命錯誤

| 虧損行為 | 錯誤心態 | 常見行為 | 最終結果 |
|---|---|---|---|
| 梭哈投資 | 一次重壓,想快速翻身致富 | 「梭哈」資金,單壓一檔標的 | 快速致「負」 |
| 購物狂 | 以為買愈多愈能分散風險、拉高投報率 | 亂買一通,什麼都想買 | 投資組合雜亂,投報率降低 |
| 害怕錯過 | 看到市場漲就害怕錯過賺錢機會 | 追高買進,怕來不及上車 | 買在高點被套牢,短期難翻身 |
| 亂加倉亂攤平 | 跌了,亂加倉攤平;漲了,亂加倉追單 | 攤平變成加碼虧損;追高變成高點套牢 | 攤平虧損可能虧更多;追高容易被收割 |
| 盲目跟風 | 容易受市場情緒與新聞影響 | 看新聞、聽名嘴盲目跟風投資 | 變成「接盤俠」 |
| 賽馬場心態 | 看到某投資好賺馬上換標的 | 短時間內頻繁更動投資標的 | 什麼都沒賺到 |
| 過度自信 | 賺了就覺得自己是投資之神 | 無視風險管理,自認天下無敵 | 靠運氣賺錢最終賠光 |
| 高頻交易 | 迷戀短線交易,過度頻繁進出場 | 交易次數過多,容易失誤賠錢 | 手續費高、勝率低,最終虧錢 |

這些想法聽起來很熟悉吧?其實背後真正的原因是:當你虧損時,急著想快速回本;當你看到別人輕鬆賺到大錢時,又會急著想追求快速獲利,想證明自己也可以。這種行為的背後驅動力,不是理性,而是貪婪、恐懼和焦慮。

## 「梭哈」，展露人性四大弱點

- ✓ 弱點一：急著賺回虧損（不甘心）。

    人性最大的問題，就是不願意接受失敗，尤其當投資失敗時，人會本能地想透過一筆成功的交易，把之前虧的錢一次賺回。例如原本100萬元的本金虧損剩下60萬元，此時多數人不會冷靜思考下一步，而是想著「我要一次拚回來」，最後導致更大虧損。這種現象在心理學上叫做「損失厭惡」（Loss Aversion）。

- ✓ 弱點二：過度自信（自以為是投資天才）。

    多數人看見成功案例，總覺得自己也能輕鬆複製。「某人去年壓特斯拉股票短短一年賺10倍」、「某網紅重壓某檔股票大賺千萬，提早財富自由」這些消息讓投資人心動，也讓他們認為自己能如法炮製。事實上，這種倖存者偏誤的背後，反而血本無歸、失敗的更多，但很多人卻看不到。

- ✓ 弱點三：焦慮與急躁。

    多數人想快速翻身，其實背後卻藏著一股強大焦慮感，「房價不斷上漲，再不壓一把就永遠買不起房了」、「身邊朋友買房都賺翻，我不能落後太多」、「朋友買台積電都賺翻倍了，我也要」當內心愈焦慮、愈急躁，就愈容易做出衝動的投資決策，甚至借錢投資、過度開槓桿，有的還把身家全都投了進去，最後承擔巨大風險。

✓ 弱點四：過度看重機率低的暴利機會

人性容易受超額報酬誘惑，尤其資金較少時特別會想：「只要壓對一次，人生就會不一樣！」然而，財務自由從來不是只靠一次性投資，而是多次穩定獲利、長期累積而來。

## 錯誤二：購物狂（Shopaholic）

很多新手認為，只要買的標的夠多就能分散風險，提高獲利機率，於是開始「囤貨」，看到什麼股票、ETF、基金、加密貨幣、黃金存摺、南非幣、投資保單、靈骨塔、海外房地產等都想買，最後手上持有一大堆標的，成了「投資版購物狂」。

這樣的行為看似分散風險，實則稀釋資金，降低投資報酬率，甚至讓投資組合變得難以管理，最終可能每檔標的都沒賺到，反而虧錢收場。

購物狂誤解分散投資的概念，「多投幾支股票總會有漲的」、「如果一檔跌了，還有其他可以補回來」但真正的分散投資，是建立在策略性配置，而不是亂買一堆標的。若你同時買了20檔不同股票，但沒有清楚的配置計畫，那麼：

✓ 市場下跌時，所有標的可能同步虧損，沒有真正降低風險。

✓ 市場上漲時，獲利可能被稀釋，因為沒有重點布局。

投資不該像逛超市，而應像打造一支精準配置的「投資軍隊」，每檔標的都有它的戰略位置，而非單純「買多就會賺」。

如果你發現自己手上的標的過多，該是時候調整策略，讓投資組合更有效率，讓資金發揮最大效益。

## 錯誤三：害怕錯過

投資市場上，FOMO 是常見的心理陷阱。它代表一種害怕錯過機會的焦慮感，導致投資者不顧價格、不做研究、不願錯過，單純因為「市場在漲、別人都在賺」就衝動進場。FOMO 投資人的典型心態如下：
- ✓「這次不進場，以後可能沒機會了！」
- ✓「大家都在買房，我不能錯過這波行情！」
- ✓「如果不趕快投資，我的資產就會落後別人！」

這種心態會讓投資者忽略風險，導致追高買在市場巔峰，等到市場回檔後才驚覺自己成為了「接盤俠」。

舉例來說，2020～2022 年房市狂熱時期，每個人都在說：「房價永遠不會跌！」就是因為這句話，讓無數投資小白瘋狂搶進房市，深怕自己錯過了買房的機會。

當時的房市 FOMO 氛圍是：
- ✓「現在不買房，以後一定更貴！」
- ✓「台灣房價只會漲不會跌！」
- ✓「大家都買房，我不能落後！」

於是，很多人沒做功課，也沒有計算還款能力，閉著眼睛亂買簽

約，導致投資風險大增。類似的FOMO狀況也常出現在股票、高股息ETF等，很多人因FOMO購入，結果未考慮風險，被套牢機率變高。

　　FOMO是市場收割散戶最常用的方式，因為它利用了深怕「錯過機會」的恐懼，誘使人們盲目進場，結果買在高點，賣在低點。切記：

- ✓ 投資不是搶機會，而是等待機會！
- ✓ 市場每天都有新的機會，錯過這次，還有下一次！
- ✓ 真正的高手，不是賺得最多的人，而是最能控制情緒的人

## 錯誤四：亂加倉、亂追高（Add On & Top Up）

　　很多人習慣「加碼攤平」，認為只要投資標的下跌、變便宜了，就該繼續攤平加倉，如此成本就會降低，未來就更容易賺錢。但若加倉方式錯誤，可能不是降低成本，而是放大虧損。

　　正確的加倉，應該是基於合理的交易計畫，而不是因市場在跌就盲目跟進，或是看見市場狂漲就盲目追高。若無攻略便為了攤平而加倉，最後可能變成「無限攤平」或「盲目追高」，導致資金深陷其中，甚至無法翻身。

　　如果市場下跌時想趁勢加倉，不妨先想想自己是否不甘心、不認輸：「已經賠了這麼多，攤平、降低成本比較快回本！」如果有，這時該考慮的不是「如何降低成本」，而是「這個標的是否仍值得投資」如果基本面轉差，繼續攤平只會放大損失，無法回本。

　　基本上，盲目加倉與亂攤平，都是投資人因為不認輸或怕錯過而犯下的錯誤。要記住！投資不是攤平比賽，而是如何管控風險，確保

資金長期存活。買得多，不代表賺得多，沒有策略的加倉只會讓資金動彈不得。

## 錯誤五：盲目跟風（Following the Herd）

投資市場裡有句老話：「當你聽到大家都在談論某檔投資標的，這時想進場投資已經晚了！」這就是盲目跟風。這種行為指的是不做獨立研究，單純因市場熱潮或財經名嘴推薦就貿然進場，結果就是被市場收割。

許多新手投資人都以為「大家都在買」就是安全的投資，但現實是當市場過度樂觀，往往是主力機構準備出貨的訊號，而你剛好就是最後一棒的「接盤俠」。

以下為盲目跟風的三大心理陷阱：

- ✓ 安全假象：看到某檔標的，如股票、美債、房地產、加密貨幣或ETF成為市場熱點，且各大媒體、名嘴、財經節目都在談論，朋友、同事也都在討論這檔股票，容易認為「大家都在買，應該沒問題」但其實市場熱度最高時，通常已經來到了主力的出貨點。
- ✓ 盲從KOL（Key Opinion Leader，關鍵意見領袖）意見：許多人習慣從新聞、財經節目、線上視頻獲取投資建議，甚至直接跟單。「某財經名嘴、KOL說這檔會漲，我也要買！」然而，市場上沒有100%穩賺不賠的投資機會。而且這些財經名嘴、KOL所說的投資標的，很可能連他自己也沒買，甚至是不了解

這個投資標的，許多時候他們的言論只是些帶有立場的「業配話術」。
- ✓ 過度樂觀：很多人看到某些標的過去幾年表現優異，就會覺得：「這支股票永遠不會跌！」抑或是「台積電是護國神山，買了就不可能賠錢！」但市場上沒有「不敗的股票」，即使是最好的公司，也會經歷週期性回調。

總之，盲目跟風，不等於安全，我們是在做投資，不是在投票，不會因為票數多，市場就讓你賺錢，只有做足研究、冷靜判斷，才能真正成為市場贏家。

## 錯誤六：賽馬場心態（Performance Chasing）

投資時，許多人喜歡「見異思遷」，看到哪檔標的漲得快就馬上換過去，結果在不斷切換投資標的過程中，發現自己都沒賺到，甚至還虧更多。這種行為，在投資界被稱為「賽馬場心態」。

「朋友投資AI股賺了50%，應該賣掉原本標的換過去！」
「這檔ETF今年績效有30%，應該賣掉原本標的換過去！」
「房地產今年漲20%，應該賣掉原本標的換過去！」

結果，市場週期往往比投資者的反應更快，於是當你轉換過去時，那檔你看好的股票、ETF與房地產主升段可能已經漲完，甚至開始下跌，反觀你剛賣掉的投資標的反而開始上漲，最後容易變成：「總是買在高點，賣在低點，手續費支出一堆，績效卻比長期持有還差！」

這種心態，正是投資績效不穩定的最大殺手。

如果你發現自己總是在換標的，但績效一直不好，應該檢視自己的投資邏輯。此外，選擇標的應基於長期投資策略，而不是跟風市場的短期熱潮。

## 錯誤七：過度自信（I Am the Market）

很多人都聽過這句話：「市場永遠是對的！」但有些人運氣好，正逢多頭上升波段，於是在連續賺了幾次錢後，往往會產生一種錯覺：「市場不是對的，我才是對的！」

這種心態，就是所謂的過度自信心態，認為自己比市場更聰明，甚至覺得自己可以掌控市場，預測一切走勢。

過度自信的典型行為如：過去靠幸運賺到幾筆投資，可能是房地產、股票、加密貨幣、ETF、黃金等，結果卻誤把幸運當成實力，誤以為自己是投資天才，未來每次投資都肯定會賺錢。於是開始忽略風險管理、不設停損，甚至亂開槓桿，認為市場一定會按照自己想的方向前進。即使市場明顯與預期相反，這些人對自己的投資判斷仍舊過度堅持，不願認錯，有些人甚至還會出現過度加碼。像是前幾年有人狂砸錢掃房，一次買很多戶預售屋，結果打房政策一出來，無法轉約的狀況下，最後導致被斷頭。

事實上，過度自信的人結果通常是虧得最慘的一群人。因此，謙虛面對市場，設定風控，才能確保在投資市場長期存活。

## 錯誤八：過度交易（Overtrading）

「交易愈多，賺得愈多！」事實上，過度交易往往會讓投資人最快虧損。

舉例來說，台灣有一群人每天都花 3～5 個小時盯盤操作當沖、盯盤外匯，卻因每天頻繁進出場，導致手續費暴增、情緒化交易，甚至讓交易績效惡化。

雖然當沖本身不一定是過度交易，但做當沖的人，很容易陷入過度交易的陷阱。

許多投資新手和短線交易者剛進市場時，會覺得只要每天進出就能快速賺取價差，累積財富。但實際上市場中真正賺大錢的人，往往是交易次數較少、但決策品質高的人，而非天天進出場、頻繁交易者。

究竟過度交易者有哪些盲點：
- ✓ 「多交易幾次，就賺愈多！」錯誤的機率思維。
- ✓ 「行情來了，我不能錯過！」害怕錯過（FOMO）。
- ✓ 「剛賠了一筆，趕快賺回來！」復仇性交易。

過度交易，表面上看起來是增加獲利機會，但實際上手續費和情緒化交易會讓你賠得更快。真正的交易高手不是交易最多的人，卻是選擇交易勝率最精準的人。

能長期存活、穩定獲利的人，從來不是交易最多的人，而是懂得避開錯誤、嚴格執行紀律的人。如果你發現自己曾經犯過這些錯誤，別擔心，這代表你正在進步。成功的投資人，不是從不犯錯，而是能夠認錯、改正、成長。

畢竟，投資市場沒有「穩賺不賠」的機會，但有「穩虧不賺」的錯誤！如果你能避開這八大陷阱，就能比90%的投資人更接近成功。

Chapter 07

# 小白變高手！
# 揭露投資工具背後秘辛

你是否曾被「存股致富」的話術吸引，認為只要買進高股息股票或ETF，坐著等領息就能財富自由？或者，你也曾被0050或0056搞混，不知道該如何選擇？甚至以為虛擬貨幣、加密貨幣都是詐騙工具？

這一章，我將拆解那些看來穩當投資工具背後所隱藏的盲點，也將分享投資比特幣的真實經歷，帶大家從小白變身投資高手！

# 01 存股,還是「存骨」?

近幾年隨存股風潮盛行,愈來愈多人期望每月透過穩定提領股息,達到財務自由夢想。或許也有人會這樣說:「存股就是穩穩賺,每年拿股息輕鬆又安心!」

這句話聽起來美好,但為什麼仍有許多人存了好幾年,卻發現不但沒有獲利,本金反而不斷虧損,最後只好無奈自嘲:「這不是存股,而是『存骨』!」

其實,問題就出在許多人對於存股有錯誤認知,認為只要挑選殖利率高的股票或ETF就能穩賺不賠。然而,真正的情況絕非如此簡單。不論你存的是個股還是ETF,若沒有搞懂其中的盲點與風險,最終都只會把資產「愈存愈小」,淪為「存骨」。

## 個股存股盲點

個股存股最常見的錯誤,就是過度專注於「股息殖利率」。許多投資人誤以為殖利率愈高愈好,忽略了公司背後的基本面和未來發展潛力最為重要,結果導致本金逐年虧損。

## 盲點一：只想買高股息，但不看公司體質

近幾年市場上非常熱門的「航運三雄」：長榮（2603）、陽明（2609）、萬海（2615），2022年前股價飆漲大發股息，吸引許多人瘋狂買進存股。然而自2023年起，航運業逐步從高峰回落，貨運價格下跌，這些股票的股價大幅修正，當初許多為了高殖利率買進的人不僅沒賺到預期的股息，甚至還面臨本金嚴重虧損。

問題並非出在航運業本身，而是很多投資小白僅因追求短期高殖利率，而忽略了產業的高度循環性與風險。當景氣翻轉，這類高殖利率的股票，就容易從存股變成了「存骨」。

## 盲點二：忽略產業趨勢，投入夕陽產業

傳統製造業如紡織業，某些老字號紡織股雖每年穩定配發股息，但因產業結構改變、生產基地移往海外，近5年來許多公司營收逐步委靡。這些股票看似便宜又有穩定股息，實際上股價卻長期低迷，甚至愈來愈低，乃至於表面上能領到穩定股息，但扣除本金的虧損後，會發現長期下來資產總價值不升反降。這種只看表面股息、不深入理解產業趨勢的行為，也是造成存股失敗的重要原因。

想做好存股，不能只看股息，還必須牢記以下3個標準：

✓ **標準一：是否有「護城河」。**

你存入的股票應是長期具備競爭力的公司，且有明確的「護城河」（如品牌力、技術、獨特產品），能在市場持續穩定獲利。像是台積電（2330）因具備先進製程技術與市場地位，即使股息不是最高，但長期股價仍然穩定上漲，讓投資人能享有「股息＋資本利得」的雙重收益。

✓ 標準二：是否有長期穩定的獲利成長。
觀察過去數年內公司的獲利狀況，必須是穩定且逐步增長，而非大起大落的景氣循環股。唯有穩定獲利，才能穩定配息，也能提供股價穩定上漲的基礎。

✓ 標準三：產業趨勢要正向或穩定。
盡量避免夕陽產業或高度循環性的產業（如鋼鐵、航運），選擇穩定成長的產業（如半導體、科技、醫療），才能避免產業景氣翻轉時的資產大幅虧損。

或許有些人會問：「直接存ETF不就能避免挑錯個股的『存骨』問題？」答案是：「存ETF有機會降低風險，但前提是必須選對。」

ETF確實是一種優秀的投資工具，它能幫助投資人一次購買一籃子股票，降低投資單一個股造成的風險。但許多人卻誤以為ETF 100%安全，忽略其本身的盲點與風險。

## ETF存股盲點

ETF真能百分之百避免「存骨」的問題嗎？答案未必。雖然它是一個有效分散風險的投資工具，但若沒有真正理解其背後的結構、選股邏輯，以及各類ETF間的巨大差異，最終可能導致資產長期虧損。

## 盲點一：誤以為所有ETF都是低風險

許多人認為ETF比個股風險低，但事實並非如此。ETF的風險程度，與其內部成分股有直接關係。

首先，ETF的種類眾包含：

- ✓ 市值型ETF（0050或S&P500）。
- ✓ 高股息ETF（0056、00878）。
- ✓ 主題型ETF（如AI、電動車、生技、石油、半導體）。

其中，「市值型ETF」如台灣0050或美股S&P500 ETF，因涵蓋許多大型龍頭企業，長期來看穩定性較高，整體風險相對較低。

但若投資的是「主題型ETF」，風險可能比你想像的更高。這類ETF的特點是單一產業集中，容易受產業景氣循環影響，市場波動幅度較大。一旦產業趨勢翻轉，資產也可能快速縮水。

例如元大S&P原油ETF（00642U），這類ETF直接追蹤國際油價，名稱上雖為ETF，但卻不配息，而且還有轉倉成本，風險遠遠高於一般投資人所想像的。

又如2022年初國際油價因烏俄戰爭一度飆升，原油ETF價格也快速拉高，吸引許多人湧進投資。但不久後經濟放緩、能源需求下降，油價快速回跌，價格在幾個月內下跌超過30%。到了2023～2025年間油價更是不斷劇烈起伏，使得投資原油ETF的民眾承受著極大的心理壓力與虧損風險。

也就是說，如果將這種ETF當成低風險存股工具，就很可能在短期內承受巨大資產損失，偏離原本想穩定存股的初衷。

### *投資ETF的關鍵，在於選擇哪種ETF*

只有清楚認識ETF的類型與風險，才有辦法真正從中挑選出最適合長期存股者，並穩健累積財富，避免掉入「存骨」陷阱。

## 盲點二：只看殖利率高低，忽略成分股產業配置

許多人挑選ETF時，常第一眼關注殖利率的數字，誤以為股息愈高ETF就愈好，反而忽略內部成分股的產業配置與長期增值潛力。這樣做其實隱藏極大風險，且可能在不知不覺中損失本金。

要知道，ETF的投資報酬其實來自兩個部分：

- ✓ 股息收入（配息）。
- ✓ 資本利得（價差）。

然而，多數投資人往往只重視股息收入，忽略資本利得。真正決定ETF能否持續穩健賺錢的關鍵，其實是其內部成分股是否具備成長能力，而不僅是當下的高殖利率。

若因追求高殖利率而選擇景氣循環股或已是夕陽產業的公司股，短期內看似股息豐厚，但隨產業衰退或景氣下滑，這些公司的獲利減少、股價長期走跌，會連帶拖累ETF的價格走勢，讓你的總資產逐步減少，甚至遠過所領的股息收入。這也是為什麼ETF內部的產業配置

如此重要。

挑選ETF時，如果當中的成分股高度集中於特定產業或主題產業（如石油、航運或科技產業），一旦該產業景氣出現重大變化或趨勢反轉，ETF的價格也將跟著劇烈波動，甚至大幅下跌。即使領取了看似誘人的股息，也無法彌補因股價下跌而造成的資本損失。

因此，正確挑選ETF的方式，除了得觀察合理的股息殖利率，更要深入檢視內部成分股的產業分布，確保產業多元、成長性高且波動度低，才能真正避免落入「高殖利率陷阱」，穩健實現長期累積財富的目標。

### 盲點三：配息來源不清楚，小心本金愈存愈少

許多人在選ETF時，以為都會100%配息，只要持續領息，就能輕鬆累積財富，其實並非如此。你必須先搞懂3個主要配息來源：

- ✓ 現金股利：這是ETF最主要且健康的配息來源。ETF管理公司將成分股公司所配發的現金股利直接轉發給投資人，代表成分股能穩定獲利且具成長性。
- ✓ 資本利得：賣掉ETF內的成分股，將產生的資本利得（價差收益）用來支付配息。表面上看起來配息很高，但這種做法長期來說並不健康。因為ETF若不斷透過賣掉資產來支付股息，會逐步侵蝕本身資產價值與淨值，導致ETF資產價值下滑，投資人的本金就會被逐步被吃掉。而且萬一下跌，資本利得這塊股息就配不出來。
- ✓ 收益平準金：這是許多投資人容易忽略，卻非常重要的配息來源。收益平準金是ETF管理公司為避免配息金額波動過大、平

滑股息而設置的機制。當ETF該年度股息收入較高時，管理公司不會全部配發給投資人，而是將部分股息收入留下來存入收益平準金；當未來成分股的股息變低、股市表現不佳時，就會從收益平準金中拿出資金補貼當年度配息，使配息穩定。

但問題來了，如果ETF本質獲利不佳，卻持續使用收益平準金來補貼配息，最終可能導致收益平準金逐漸耗盡。當平準金用完後，ETF配息就變少，配息穩定性亦將面臨嚴重挑戰，最終就連ETF股價也因獲利不佳而下滑。簡單來說，就是配息變少又賠了價差，整體仍是賠錢。

真正有效且穩定的ETF存股策略，就是務必確認配息來源，應以現金股利為主，避免過度依賴資本利得或收益平準金這兩個較不健康的配息來源。唯有如此，才能確保ETF能健康穩健地累積資產，避免陷入看似穩定、實則本金逐漸流失的ETF存骨陷阱。

另外，正確的存股方法已在保值帳戶一章詳細說明，讀者可翻閱該章深入了解。

## 存股，只是保值帳戶其中一項配置

近年來，存股深受歡迎，許多人將之當成資產配置的唯一工具，以為只要長期持有個股或ETF，就能達到財務自由。但這卻是一個常見且危險的誤解。

其實存股的真正目的，與本書提倡的保值帳戶理念一致：追求資產穩健成長，賺取穩定現金流，讓現有資產能抵禦市場波動和通膨壓力，穩穩增值。

然而，必須特別留意的，就是存股只是財務規畫中的一項工具。因為投資市場永遠存在風險，無論多麼好的股票或ETF，都有可能遇上經濟衰退、產業景氣循環，甚至是無法預測的政策變動。當市場出現重大變化時，如果你的資產完全依賴存股，一旦「黑天鵝」飛來，會因資金過度集中股市，沒有分散風險，可能面臨巨大虧損。

正因如此，真正穩健且全面的財務配置，就必須採用更多元的工具，這也是保值帳戶中強調的觀念。除了存股，建議還可適度搭配其他低波動和穩定成長型投資工具，例如「正現金流」房地產、債券、比特幣等，將資產分散在不同投資類別中。如此一來，當市場出現波動時，資產才能穩健承受市場考驗。

存股是很棒的理財方式，但要清楚了解它只是保值帳戶眾多工具中的一項，還要適當搭配其他穩健工具，才能打造完整理財體系，從而安心朝財務自由之路前進。

## 02　0050與0056哪個好？

台灣股市中，最熱門、投資人討論度最高的ETF，就是元大台灣50（0050）與元大高股息ETF（0056）。許多剛開始接觸投資的新手，都會遇到一個困擾：「到底該買0050還是0056？」

有些人說：「0050長期報酬率更高，適合資本增值！」有些人則認為：「0056每年配息穩定，適合需要現金流的人！」

開始比較前，你需要先清楚這兩檔ETF的特性與差異，並明確知道自己的需求，再做出適合自己的選擇。

✓ 元大台灣50 ETF（0050）：追蹤台灣市值最大的前50家公司，包含台積電、聯發科、鴻海、中華電信、台塑化等知名企業，屬於「市值型ETF」，每家公司占比以市值大小決定，因此市值最大的台積電占比最高（通常超過40%），其次是其他大型企業。

・優點：分散於各大產業龍頭，長期績效表現穩定且優異。股價趨勢長期向上，資本增值能力強。

・缺點：高度集中台灣大型科技企業，波動較大。殖利率相對較低（約3～4%），配息並非主要優勢。

✓ 元大高股息ETF（0056）：挑選股息殖利率較高、配息能力佳的公司。特色是每年提供較高且相對穩定的股息收益。
  - 優點：每年殖利率高（通常5％以上），吸引追求現金流的投資人。成分股涵蓋傳統產業，波動性比起0050低。
  - 缺點：成分股多為易受景氣循環影響的產業（如金融、鋼鐵、傳產等），股價增值潛力有限。部分公司配息來源不穩定，可能會因景氣波動影響而降低配息。

**表 7-1　0050 VS. 0056 近5年績效比較**

|  | 元大台灣50（0050） | 元大高股息（0056） |
| --- | --- | --- |
| 年化報酬率（增值） | 約 11.09％ | 約 7.47％ |
| 平均殖利率 | 3～4％ | 5～7％ |
| 波動性 | 中高 | 中低 |
| 適合的投資人 | 增值為主<br>現金流為次 | 現金流為主<br>增值為次 |

從表7-1來看，若以長期資產增值為主要目標，0050表現明顯較好；但若重視現金流，0056則更符合需求。然而，光看績效並不足以讓你做出完整決定，因為ETF的投資效果還涉及另一個常被忽略但又極為重要的因素：稅務問題。

## 易被忽略的稅務問題

稅務，嚴重影響實際報酬，尤其存股期間的股利所得稅。台灣股市的稅制分為兩種：

- ✓ 資本利得（賺價差）：目前台灣免徵證券交易所得稅，換句話說，如果透過ETF買賣價差獲利，這筆獲利不需課稅。
- ✓ 股息配發（賺配息）：ETF的股息須併入個人所得稅計算，適用累進稅率（5～40%），分開課稅股息稅率為28%。

若每年從0056獲得10萬元股息，選擇分開課稅就必須繳28%的稅（即2.8萬元），實際到手的只有7.2萬元，收益明顯減少。相對地，0050股息雖然也須課稅，但因多數報酬來自資本利得（價差），買賣獲利的價差免稅，長期來看實質報酬可能較高。因此，選擇ETF時，務必將稅務因素一併考量，才能精準算出實際收益。

## 如何有效配置0050與0056？

理解0050與0056的特性、績效差異與稅務後，你可能會問：「怎麼分配資金？」事實上ETF的投資不只看績效，更要符合個人投資目標與財務需求。0050、0056雖是保值帳戶其中一種資產配置工具，但並非全部，別將資金壓在單一ETF上以免資產隨著市場劇烈震盪。如何利用0050與0056，搭配保值帳戶做好資產的配置？

## 積極型投資人

- ✓ 財務目標：追求長期資產增值與資本利得（賺取價差）。
- ✓ 風險承受能力：可接受較高的短期波動。
- ✓ 現金流需求：根據目前狀況，不太需要穩定現金流。

建議這類型投資人可將較高比率（約80％）資金投入0050，因為0050追蹤台灣最大、最具成長潛力的公司，尤其以台積電等科技股為主，長期資產增值效果明顯優於0056。同時配置部分資金（約20％）在0056保障現金流，避免投資組合因過於集中在高波動的科技類股而導致資產震盪過大。

這樣的配置，亦符合本書保值帳戶中積極型投資人的資產配置原則：80％成長型資產＋20％現金流資產，享受資本增值同時，也有穩定現金流可供運用。

## 保守型投資人

- ✓ 財務目標：注重穩定現金流，強調每年穩定收入（領配息）。
- ✓ 風險承受能力：不希望資產有太大波動，穩定獲利最重要。
- ✓ 現金流需求：即將退休或資金大者。

此時，建議將約80％的資金配置在殖利率較高且配息穩定的0056上，透過高股息ETF穩定現金收入，減少資產價格波動帶來的壓力。此外，也不該完全放棄資本增值機會，因此建議再以較小的比率（約20％）投入0050，尋求資產成長機會。

這樣的配置符合本書保值帳戶中保守型投資人的資產配置原則：80％現金流資產＋20％成長型資產。

## 搭配高投報帳戶積極賺價差

「萬一買太多0056，是不是就賺不到價差了？」別擔心！4個帳戶中的保值帳戶，就是透過穩健配置降低資產波動風險，同時提供穩定現金流，追求穩健長期增值，守護本金。也就是說，真正賺取價差、追求高報酬率，就交由高投報帳戶完成，透過積極投資工具，如期貨、加密貨幣永續合約、外匯等爆發性標的滿足賺取高報酬目標。最後再次提醒：

- ✓ 0050與0056沒有絕對好或壞，選擇適合自己的才重要。
- ✓ ETF是保值帳戶裡其中一個配置，需搭配其他工具做好多元配置。
- ✓ 每6個月檢視ETF資產組合，才能穩健邁向財務自由目標。

投資ETF的成功與否，取決於是否了解自身需求，清楚知道每個工具的特性，才能找出符合人生需求，有效達成財務自由。

## 03 「包租代管」好賺？不能說的秘辛報你知

近幾年「包租代管」成了許多人熱烈討論的投資話題。不管是在臉書社團、YouTube，或各理財課程廣告上，總能看到類似宣傳：「不用買房，靠『包租代管』輕鬆月入數萬，快速財務自由！」看到這樣的介紹，身為辛苦工作的上班族，你的內心是否也和許多人一樣對未來充滿期待？

然而，事實真是如此嗎？「包租代管」的真正本質又是什麼？是不是真的這麼輕鬆好賺？

### 搞懂「包租代管」本質

簡單來說，「包租代管」就是透過出租別人的房子賺錢。只要跟房東簽下租約再轉租出去，就能賺取中間價差。常見模式有：

- ✓ 包租模式：和房東簽約、固定支付租金，再把房子用更高的價格出租給房客。例如每個月付2萬元租金，再以每月2.5萬元轉租出去，就能每個月賺到5,000元差價。只不過，房子租不出去時，還是要支付房東2萬元租金。
- ✓ 代管模式：替房東出租房屋，收取房東約10～15%管理費用，

但房子租不出去時，就會沒收入。這種模式的好處是不必承擔房屋閒置的租金損失，但因利潤較低，實際能賺金額有限。

上述兩種方式各有好壞，但共同點是：你只是個「中間商」，賺的是租金價差或管理費，而不是賺房價的漲幅。因此：

✓ 必須靠不斷的租屋價差或管理費創造收入。
✓ 必須持續穩定地取得大量租件，否則收入將難以有效增加。

## 「包租代管」沒有風險嗎？

如果「包租代管」業者或講師告訴你：「會教你如何開發包租物件。」「管理的事全部交給代管業者。」乍聽之下簡單誘人，但卻忽略一些最關鍵的風險與盲點。

### 盲點一：最大風險不是管理，而是物件開發難度超乎想像

很多剛接觸「包租代管」的投資人以為，只要學習管理物件就好，但真實情況卻非如此。那些「包租代管」業者或講師，自己都在經營「包租代管」生意，他們必須擴大規模、增加利潤，所以市面上真正好賺的物件，早已被經驗豐富的他們拿走了。乃至於你能拿到的，可能只是他們篩選過後的「次級物件」：

✓ 地段不佳、房屋條件差，難以出租。
✓ 租金利潤低，甚至扣掉各種成本後沒有利潤空間。
✓ 房東開出過高租金物件閒置風險大，不只賺不到錢，還可能會

賠錢支付租金。

因此，當你真正投入「包租代管」後，很快就會發現自己被困在進退兩難的窘境中：

- ✓ 需花大量時間尋找租件：但你還有本業、要上班，這是極大挑戰。
- ✓ 找不到好物件：賺不到錢，甚至還會因此虧損。

換句話說，投入「包租代管」的真正難處不在「管」，而是「如何獲得好物件」。然而，這對本身就缺乏市場經驗、資源與人脈明顯不足的上班族來說，正是無法輕易克服的巨大障礙。

**盲點二：利潤真有想像的那麼好賺？**

「包租代管」的最大難題除了物件取得，另一個被廣告美化之處，就是真實利潤多寡。許多課程會告訴你：「只要每間房子每個月賺5,000元，10間房子每個月就有5萬元額外的被動收入。」

這樣的廣告話術讓你看見希望，且看似合理。但你必須清楚知道，「每個月穩賺5,000元」是在理想情況下才可能發生，但真正執行時，所面對的現實非常殘酷。

讓我們透過實際的案例和數字，深入了解真實狀況。假設透過課程取得一間房包租，每月支付房東2萬元租金，接著轉租給房客每月收取2.5萬元租金，表面上確實每月能賺取5,000元價差。然而，這價差並非純收益，還必須扣掉各種隱藏性成本：

- ✓ 閒置風險：房屋不可能全年100%出租，若每年空置一個月，

就會損失2萬元,換算下來每月就會少賺1,667元。
- ✓ 維修保養成本:房屋總有些突發狀況,例如家電故障、漏水、維修等,平均每年約花1～2萬元,等於每個月還得扣掉超過1,000元的費用。
- ✓ 代管公司費用或自行管理成本:若請專業代管公司幫忙管理,每個月須付出約10～15%管理費用,以月租金2.5萬元來算,管理每月約2,500～3,750元月。

從表7-2即可發現,原以為每月能輕鬆賺5,000元價差,但扣除成本後,不但可能沒賺,還得倒賠167元。尤其上述尚未計算所投入的時間成本與所花費的精力,像是找租客、處理房客問題、物件開發、裝潢成本等,這些都會增加成本,壓縮利潤。知道了吧!這些才是多數人踏入「包租代管」後,經常遇到卻很少被告知的真實現象。

表7-2 包租代管利潤算一算

| 項目 | 每月收入 | 每月支出 |
| --- | --- | --- |
| 包租價差 | 5,000元 | |
| 空屋成本 | | 1,667元 |
| 維修成本 | | 1,000元 |
| 代管費用 | | 2,500元(抓最低) |
| | 每月總收入5,000元 | 每月總支出5,167元 |
| 總收入 | -167元(虧損) | |

## 盲點三：加盟模式讓利潤進一步被壓縮

實際投入「包租代管」市場後，你很快就會發現不是每間物件都能穩定賺錢。某些表面上看來似乎能透過軟裝布置、裝潢升級等提高租金收入，但這些都會產生額外成本，而且提升後租金不見得能同步拉高，因為市場競爭與物件閒置都會影響成本回收期。

然而，嚴重壓縮利潤的，是加盟或「證照掛靠」（無證照者在有證照業者名下從事『包租代管』業務）。因為許多講師或業者為了解決你無法開發、取得新物件，也沒有「包租代管」合法證照的問題，會要你用加盟或「掛靠證照」方式經營，但實際卻是將所有風險與成本轉嫁到你身上，他們則穩穩抽取加盟金或每月掛照抽成。我們就來具體分析其背後的操作細節與真實成本。

✓ 第一個成本：高額加盟金。

一般「包租代管」業者或課程，為解決你沒有證照或房源問題，會鼓勵你透過加盟方式加入他們的系統，並收取30萬～100萬元加盟金。但這筆加盟金是張昂貴的入場門票，繳出去後，雖會有房源，但真實情況卻是，會賺錢的好物件輪不到你，難出租的、地點不好的、高風險的物件會優先給你，而且，業者不會因為你已支付加盟金就停止抽成。

✓ 第二個成本：利潤被扒兩層皮。

或許你會想：「雖然支付高額加盟金，但若業者能穩定提供好物件，並教我各種提高租金的方法，應該也能回本吧？」現實是當你付了高額加盟金，業者的確會提供軟裝課程、油漆課程，但這些方法都需要你投入額外費用（軟裝布置逾10萬元，油漆、基礎裝潢約3～5萬元）。

舉個實際案例試算：假設每月租金收入2.5萬元，支付房東2萬元租金，每個月原本能賺取5,000元，但這樣的收入可能還不夠你支付其他成本（如空置、維修、代管費），所以業者會建議你額外投入10萬元進行軟裝布置讓房屋更吸引人。

的確，這樣做租金提升至每月3萬元，每個月的淨利也從原本的5,000元增加至1萬元，但你每個月仍得扣除空置成本、維修成本、代管費用每月至少約4,000～6,000元，若以6,000元計算，每月淨利只剩約4,000元。

到此為止，你可能還會覺得：「每個月賺4,000元好像可以接受。」但卻忘了一個關鍵：業者並非免費提供這些物件與資源，通常還會從你的租金利潤抽取約5～20%的管理或品牌分潤費用。

假設加盟業者從每個月的毛利中再抽取20%（800元），你的實際收益每月只剩3,200元。光是前期投入的軟裝成本（10萬元），就得花31個月（約3年）才能回收，若再加上加盟金，你得花整整94個月（約8年）至312個月（26年）成本才能完全回收，更別說若加盟金提高時，時間還會拉得更長。

換個角度想，業者收取你的加盟金後，已經穩賺30萬至100萬元，每個月還能持續抽取你的利潤，幾乎毫無風險。然而，你卻背負巨大成本（加盟金、軟裝成本）、空置風險、維修成本，以及每個月被抽的高額利潤。到最後真正穩賺的人，只有「包租代管」加盟業者，而你不但收入微薄、回本困難，甚至連最初想建立穩定被動收入的初衷，都會變得遙不可及。

## 「包租代管」真能財務自由？

事實上「包租代管」，是一種高度依賴規模經濟的生意模式，它確實有機會賺得到錢，但絕不是業者口中所宣稱的「只要一、兩間房就能輕鬆獲利」，更非是上一堂課、學些技巧就能輕鬆實現財務自由。

想真正做到輕鬆且穩定獲利，甚至達成你所渴望的財務自由，至少需具備以下條件：

### 條件一：達到一定經營規模（至少要有20間房以上）

你必須要有足夠的出租物件，才能有效分攤各種成本，創造穩定且可觀的利潤。

假設順利找到合適物件，且每間物件每月扣除各項成本後，實際淨利能達5,000元（很多都低於3,000元）。但如果你想要透過「包租代管」達成每個月有10萬元的穩定被動收入，那麼以每間房屋淨利5,000元計算，至少需要擁有：每月10萬÷每間房淨利5,000元＝20間房屋。

然而，要經營20間以上的物件並非簡單的事。首先，每間房子可能都需投入10萬元軟裝、設備等布置成本，提高房屋租金，那你至少得投入200萬元，才能完成這20間房的初期投資。如果資金有限、缺乏融資管道，這筆金額對一個月薪僅5萬元的上班族來說，是非常沉重的財務壓力。

也許你會想：「那我先從1、2間開始經營總可以吧？」當然沒問

題！但當房屋數量少時，遇空置或維修，相關成本就會嚴重侵蝕整體收益，甚至可能造成短期虧損，經營壓力反而更大。

換句話說，「包租代管」的規模一旦不夠大，不僅無法有效分攤風險，還可能每個月只賺到微薄的幾千元收入，距離想要的財務自由仍遙遙無期。

**條件二：投入大量時間開發新物件**

前面提過，「包租代管」最難的其實不是管理，而是取得足夠且優質的房源。你必須不斷尋找新的物件、跟房東談判，並爭取有利條件，否則收入會逐漸枯竭。

然而，這對一般上班族而言，是極大的挑戰，因為你下班後還得投入大量的時間與精力尋找物件，還必須要和房東頻繁接觸、談判、簽約，並懂得建立人脈，維護物件來源，還要持續優化物件品質、避免空屋風險，這些工作，極其耗時且勞心勞力。

**條件三：取得合法「包租代管」證照**

「沒證照沒關係，加盟我們品牌或掛靠公司就行！」但所謂的加盟，意味著你每個月的利潤都要被業者抽走 5～20%，大幅壓縮利潤，甚至沒有利潤可言。

因此，若你決定投入「包租代管」市場，必須考取證照取得經營權，辛苦創造出來的收入才不會最終都被業者瓜分。

## 「包租代管」適合月薪 5 萬元上班族？

看到這裡，我想你應該已經能清楚明白何謂「包租代管」：
- ✓ 絕非上完課就能輕鬆賺錢，更不是簡單的被動收入。
- ✓ 必須投入大量時間、技巧、資金與人脈才能真正穩定獲利。

或許你原本期待能靠「包租代管」輕鬆增加收入，但其實它更接近另一份需要你全力投入經營的事業。

如果你只是一般月薪 5 萬元的上班族，每天至少要花 8 小時以上投入既有的工作，那麼請認真思考：
- ✓ 下班後是否還有足夠的時間和精力，每天花數小時尋找物件、處理房客問題、應付各種租務瑣事？
- ✓ 資金是否足夠支付初期至少 30 萬～ 100 萬元的加盟金、房屋押金、裝潢維修費等成本？
- ✓ 是否有足夠的人脈與資源持續開發高利潤優質物件，避免投入後卻無法有效賺錢？

如果你無法滿足上述條件，最終可能會發現「包租代管」不但沒有減輕財務壓力，反而讓你陷入更大的財務困難之中。

因此，建議在踏入前，務必誠實且理性地評估自己目前的財務條件，以及可投入的時間與精力，避免一時被廣告或課程的說詞吸引，反而忽略自己真正適合的投資方式。

## 04 比特幣真能賺大錢？

只要近年有稍微關注財經新聞的人，應該會發現比特幣這3個字不斷地被提起：

「美國政府宣布建立『比特幣國家戰略儲備』，將比特幣納入國家資產配置」、「馬斯克公開支持比特幣，公布特斯拉資產組合，其中比特幣比例相當高」、「美國證監會SEC批准比特幣現貨ETF正式上市」、「全球頂尖金融機構如貝萊德、富達、摩根大通，都已推出比特幣現貨ETF」。這些訊息彷彿是美國正式向全世界宣告：「比特幣已不再是少數人的遊戲，而是真正的主流投資標的。」

或許你會覺得這個神奇的數位貨幣虛無飄渺、風險很高，甚至可能認為只是一種炒作或詐騙。但現在聽到這些利多訊息，或許你已有點動心：「我是不是也該加入這個賺大錢的行列？」

先別急！讓我先分享一下自己的真實經驗。

過去，我也曾對比特幣感到疑惑。2017年初，我花了新台幣3萬元買了人生的第一個比特幣，當時只是抱著「試試看」的心態，結果同年底，比特幣暴漲超過10倍，3萬元瞬間變成50萬元。當我賣出的那一刻，興奮到忍不住大叫，感覺自己像是意外中了樂透一樣開心！

但冷靜下來後，我清楚意識到：第一次賺錢是靠運氣，但運氣無法持續，若想一直在這個市場賺錢，就必須要有「真正的實力」。就

像我之前接觸法拍屋投資，剛開始可能憑藉「新手運」賺到錢，但終究還是得靠專業能力，才能立於不敗之地。

於是從那天起，我開始認真鑽研比特幣和加密貨幣市場，並投入大量時間學習技術分析以及判斷買賣點的技巧，懂得如何管理風險與資金配置，甚至練習控制自己的交易情緒。幾年下來，我不但在比特幣投資上獲得了穩定的報酬，也提早讓我的整體淨資產達到9位數，財務自由之路也變得更加穩健。

之所以分享這段經歷，是想告訴大家：「每個新事物雖代表新的賺錢機會，但也伴隨新的風險。」想持續獲利最終靠的絕非運氣，而是你的「財商」與真正的投資實力。

因此，我們必須回歸根本的「財商」教育和學習帳戶投資，唯有真正掌握財務知識、提升投資能力，才有可能駕馭像比特幣這種高波動、高獲利潛力的資產，讓它成為財務自由的推力，而非陷阱。

## 比特幣的風險

探討比特幣之前，我想先釐清一個許多人都有的疑慮：「比特幣是不是一種詐騙工具？」有這樣的懷疑很正常，因為過去媒體不斷出現利用比特幣詐騙的新聞，導致很多人誤會這就是一場騙局。

*比特幣不是詐騙！*
*它是一種新型數位金融工具*

就讓我們用簡單的例子來思考這個問題：
- ✓ 有人利用黃金詐騙、洗錢，那黃金本身是詐騙工具？
- ✓ 有人利用股票詐騙、洗錢，那股票本身是不好的金融工具？

事實上這些投資工具的本質是中性的，真正有問題的，是利用這些投資工具犯罪的人。黃金、股票只是金融市場中的一種交易工具，沒有好壞之分，重要的是如何正當、合法地去使用，比特幣也是如此。

比特幣其實是種透過區塊鏈技術創造出來的新型金融工具，具有去中心化的特性。簡單來說，它運作機制並非透過任何政府或銀行來掌控，而是由全球無數的電腦網路共同維護，因此交易過程無需經由傳統金融機構的認證或追蹤。

正因具備如此特性，比特幣的交易匿名性非常高，不容易被追蹤到交易者的真實身分。但缺點也是因為具有極度隱私性與安全性，容易被不法分子利用，成為詐騙或洗錢的工具，這正是它總是充斥負面新聞的主因。

投資比特幣的真正風險絕非它是否為詐騙陷阱，而在於它是一種高波動性的金融資產。你必須具備足夠的財務知識與風險管理能力，才能駕馭這種高風險但同時高潛力的投資工具。

想知道如何透過比特幣賺錢，就必須先理解一個重要觀念：比特幣是種加密貨幣（Cryptocurrency）。許多人常把虛擬貨幣與加密貨幣混為一談，但兩者其實有本質上的差異。清楚認識兩者的差異，才能避免被誤導，並做出正確的投資決策。（見表7-3）

## Chapter 07 小白變高手！揭露投資工具背後秘辛

**表7-3 虛擬貨幣 VS. 加密貨幣**

| | 虛擬貨幣<br>(Virtual Currency) | 加密貨幣<br>(Cryptocurrency) |
|---|---|---|
| 安全機制 | 中心化管理。安全性不高，容易受駭客攻擊或平台惡意操作，導致資產流失 | 去中心化管理。安全性高，區塊鏈與密碼學資料分散儲存於全球節點中 |
| 風險性 | 價格波動性大，平台倒閉，貨幣價值歸零 | 價格波動大，但貨幣永久存在區塊鏈上，只要妥善保管私鑰，即使交易所倒閉資產價值仍在 |
| 發行方式 | 平台私下決定發行數量、發行價格與使用規則 | 透過區塊鏈公開透明的發行機制 |
| 出金方式 | 透過平台兌現。若平台不願出金或倒閉，用戶將無法取回資金 | 全球各大交易所皆可自由交易，亦可自由兌換成任何法幣 |
| 法律地位 | 平台自行規定、沒有法規 | 多國政府有明確法規與監管機制 |
| 具體案例 | LINE 代幣、蝦皮幣、M 幣 | 比特幣、以太幣、泰達幣 |

看到這裡，相信大家應該都能清楚了解加密貨幣與虛擬貨幣兩者的本質差異：

✓ 虛擬貨幣：由單一平台私下發行，採中心化管理，存在平台倒閉或資金消失風險，許多詐騙案件也因此喜歡透過虛擬貨幣進行犯案。

✓ 加密貨幣：如比特幣或以太幣，透過區塊鏈技術以去中心化方式發行，具高度安全性、透明度，可在全球交易所自由交易與兌換法幣，是值得深入研究與投資的數位資產。

雖然比特幣只是加密貨幣的一種，卻是目前市值最高、關注度最大的主流貨幣，也是多數人較為熟悉的入門標的。因此，接下來我會用比特幣做為具體的案例介紹。

「既然比特幣不是詐騙陷阱，那該怎麼做才能賺到錢呢？」想要成功靠比特幣獲利，必須具備哪些關鍵能力與財商觀念，才能真正掌握這個新的財富機會？

## 如何靠比特幣賺大錢？

在加密貨幣的世界裡，投資比特幣並非只有單一獲利模式，而是可以透過「儲蓄」、「現貨」及「合約」這3種方式來創造獲利空間。（見表7-4）

## 表7-4　比特幣三大獲利模式

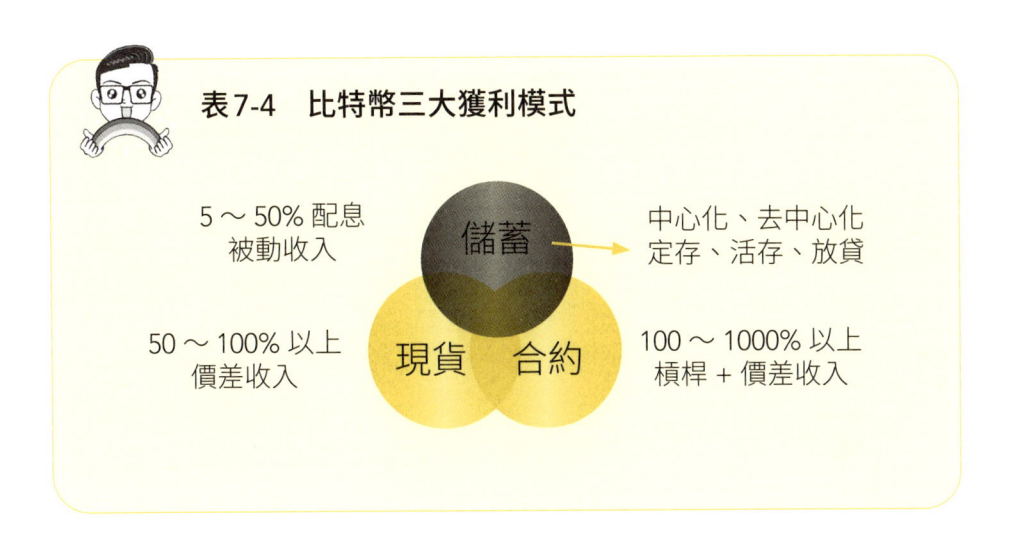

- 儲蓄：中心化、去中心化　定存、活存、放貸
- 5～50% 配息　被動收入
- 現貨：50～100% 以上　價差收入
- 合約：100～1000% 以上　槓桿＋價差收入

　　你可以依照自己的風險偏好、投資能力與財務目標，選擇單一或綜合運用這些方式，達到更好的資產配置效果。

## 1.「儲蓄」投資模式：

　　這種模式跟你熟悉的銀行定存或活存類似，只是把傳統金融交易工具的貨幣，改成比特幣或其他加密貨幣。把所持有的比特幣或穩定幣存放在特定的中心化平台（如交易所）或去中心化平台（如區塊鏈錢包），透過平台提供的放貸、質押或理財服務，每年即可獲得5～50%的配息收益。

這種模式很像買股票或 ETF 領配息，但最大差別在於傳統金融市場的配息率通常介於 5 ～ 8% 間，比特幣的儲蓄收益卻高出數倍甚至 10 倍以上，適合想追求穩定被動收入、風險承受度較低的人。

## 2.「現貨」投資模式：

其實這就是大家最熟悉的「低買高賣」賺取價差的方式，透過買入比特幣，等待價格上漲後賣出，從中賺取資本利得。因比特幣的波動大，市場機會多，因此透過現貨投資一年的報酬率通常可達 50 ～ 100% 以上。

然而，現貨投資並非靠運氣賺取利得，必須具備扎實的市場分析技巧、技術分析能力及基本面分析能力，清楚掌握最佳進場和出場的時機點，才能降低投資風險、提高獲利空間。這種模式適合有一定分析能力且能投入時間學習的人，如此才有機會真正透過現貨交易賺取豐厚利潤。

## 3.「合約」投資模式：

此模式在加密貨幣市場上通常是指「永續合約」交易。這種方式的特點，就是利用槓桿操作，用較少的本金控制較大的資金部位，達到放大獲利的效果。如果能夠熟練地掌握進場、出場時機，透過槓桿的效果，年投資報酬率可能達到 100 ～ 1,000% 以上，甚至更高。

但要特別提醒的是，槓桿交易伴隨相對風險，如果風險控管不當，虧損也會同樣被放大。因此，想要操作就必須具備嚴謹的資金管理能力、紀律嚴明的風險控管能力，以及清晰的心理素質，才能真正駕馭合約交易，實現超額獲利。

總結而言，比特幣的獲利方式並不是只有單一模式，真正有效且穩健的策略，就是善用上述3種投資模式：「儲蓄」、「現貨」、「合約」，有效配置資產，才能在控制風險的同時，追求資產的最大增值。

然而，無論選擇的是哪一種投資模式，皆在在考驗著你的「財商」以及是否持續學習。尤其比特幣屬於高波動、高報酬的金融資產，絕不是上網隨便看看幾篇文章、幾部免費影片，或翻閱幾本理財書籍就能輕易駕馭的投資領域。

相反地，這是一個必須扎實學習基本功、持續投入時間和精力，不斷透過學習帳戶進行實戰練習，逐步累積交易經驗，最終培養出真正理財實力的過程。過去的我，正是透過這樣的持續學習與實踐，才能一步步達成自己的財務目標。如果你也願意認真學習，並投入時間累積「財商」，相信你也一定能做到。

## 比特幣的常見錯誤觀念：99%都踩過的坑

當你決定踏入比特幣市場，就必須先搞清楚根本事實：「多數人之所以在比特幣市場投資失敗，從來就不是因為市場本身不好，而是因為帶著錯誤的觀念，掉進心理陷阱而不自知。」比特幣是一種新型態的金融資產，充滿著巨大的獲利潛力，但也隱藏許多難以察覺的投資盲點。

**錯誤觀念一：以為買入放著就會賺**

許多投資新手剛接觸比特幣時，都會聽到一些類似的說法：「如

果幾年前就購入比特幣，現在早已財富自由！」、「反正比特幣一直漲，現在買放個幾年一定能賺！」然而，這大家卻沒有意識到當中隱藏的巨大風險：比特幣有週期性。

沒錯，從歷史資料來看，比特幣的長期趨勢確實是向上攀升的，但絕不是單純買入後「放著就會穩賺」。比特幣的價格走勢一直以來都是高度波動，並呈現明顯的週期性變化。

## 比特幣漲跌：4年一次大週期

這個週期被稱作「4年減半週期」，簡單來說，比特幣每4年會經歷一次「區塊獎勵減半」。因為每4年，比特幣挖礦產出的數量會減少一半，導致市場供給數量降低，也因此每次減半後的半年至一年左右，市場就會逐漸醞釀，迎來一波強烈的「牛市」上漲；「牛市」過後，則會接續約1～2年左右的「熊市」下跌調整，價格可能大幅下跌70～85%甚至更高。

如果搞不清楚狀況，以為買入比特幣後隨便放個幾年就一定賺，卻忽略進場的時機點，例如在「牛市」最高峰時買入，那麼迎接你的，就會是接踵而至、漫長的「熊市」下跌階段。好比2021年時，比特幣就曾一度從近6.9萬美元的高點，暴跌至約1.55萬美元左右，跌幅超過77%。

如果沒有了解比特幣的週期概念，單純以為「放著就賺」，結果在6.9萬美元的最高點進場，那麼接下來的兩、三年，勢必會一直處於資產虧損狀態，而且在這種情況下一般人很難堅持住，便很容易在低點時賣出，導致損失。

### 錯誤觀念二：開高槓桿想一夜致富

很多人聽到比特幣總會聯想到「暴富」，因為媒體總不斷報導各種神奇的致富傳說，例如誰用比特幣賺到翻了數十倍的資產，瞬間從普通上班族變成富豪。這種訊息不停傳播，讓人誤以為只要有比特幣，就能在短時間內致富。

於是不乏有人會這麼想：「反正我只有幾萬元本金，如果能用比特幣開個20倍甚至100倍的槓桿，賺錢速度就會更快！」正因為這種錯誤心態，導致無數人血本無歸。

操作槓桿沒有錯，卻是一把雙面刃，一切取決於有無投資攻略：

- ✓ 有投資攻略：透過技術分析與風險管理，配合槓桿操作，確實能加速資產翻倍。例如當比特幣的大趨勢明確時，精算後提高槓桿倍數，的確能在風險可控的範圍內實現「大賺小賠」的理想局面。
- ✓ 沒有投資攻略：滿腦子只有「一夜暴富」的幻想，卻沒有任何縝密策略、專業知識和風險控管技巧，若是盲目開高槓桿操作或跟單，就會很容易在短短幾次交易中快速虧光本金，將財務自由的目標愈推愈遠。

如果你希望透過比特幣，甚至運用槓桿的力量，在短時間內加速達成財務目標，那麼第一步必須從提升「財商」與培養投資實力開始做起。

而這些，也是本書一直強調學習帳戶的重要性。唯有透過系統性的學習，才能逐步培養精準的市場分析能力、理性的資金配置方法、嚴謹的風險控管技巧，以及高效的交易策略。當你具備這些能力，才

能真正掌握市場機會，在穩定且安全的前提下，穩中求勝的理財，也才有資本將比特幣變成財務自由路上的重要助力，而非高風險的賭博遊戲。

**錯誤觀念三：怕貴改買便宜山寨幣**

這是許多加密貨幣投資新手常犯的重大錯誤，尤其發現比特幣一顆動輒幾萬美元，第一時間會先卻步，但下一個念頭就會出現：「不然來買價格便宜的山寨幣，幾塊錢就能買一堆，而且未來漲了獲利空間不就更大？」

然而這樣的想法，可說是危險的投資誤區。事實上加密貨幣的市場價格高低無法代表價值高低，那些非主流山寨幣往往因缺乏真實應用場域、技術實力或社群共識支撐，乃至於價格低廉。之所以價格偶有上漲，純粹靠市場炒作，一旦熱潮退去，幣價往往迅速崩跌，導致許多新手因此被套牢，甚至血本無歸。

相反地，比特幣之所以價格高昂，是因它經歷十幾年的市場考驗，全球已有廣泛的共識和大量資金流入的支持，不僅是全球最大市值的加密貨幣，更成為許多國家與企業的重要資產配置，也因此長期價值穩定，投資安全性更高。

你必須理解：投資市場中，價值永遠重於價格。低價並非代表划算，真正划算的是長期具備成長潛力與穩定價值支撐。如果你希望透過加密貨幣獲利，請務必選擇具穩定價值基礎的貨幣，如比特幣或以

太坊，別輕易陷入「便宜的更好」這種錯誤陷阱裡。

## 成功的比特幣投資，取決是否有扎實「財商」

「投資比特幣真能賺大錢？」許多人之所以投資比特幣失敗，往往不是市場欠佳，而是抱著錯誤的心態與觀念，像是只想一夜暴富、忽略市場週期，或盲目跟風低價山寨幣。這些錯誤觀念，常讓他們在市場裡承受不必要的損失。

真正成功的投資高手，靠的不是運氣或投機，而是透過系統化的學習與訓練，累積市場經驗、建立嚴謹的風險控管能力，才得以在波動中穩健獲利。

比特幣確實能幫你提早達成財務自由，但前提是必須透過學習帳戶持續投入、精進財務實力，才有資格駕馭這樣一個高報酬但高波動的市場。

請記住，財務自由的路上，沒有輕鬆的捷徑，唯有持續提升自己的「財商」，建立正確投資觀念，才能將比特幣變成財富成長的助力，而非陷阱。

Chapter 08

# 如何防詐騙

當你以為自己不會被騙，有時可能已經站在陷阱的邊緣！現在的詐騙手法早就不是粗糙的簡訊或假電話，而是更懂心理學、懂話術，甚至扮演專家、製作假帳號等讓人防不勝防。
如果你曾看著那些投資詐騙新聞心想：「我才不會那麼笨。」那麼，一定要看這一章，因為最容易被騙的，往往是那些自以為聰明的人。練好防騙體質，建立財務安全網，才能真正達到財富自由。

## 01 看懂套路，建立防騙免疫力

每當出現投資詐騙新聞，總有人酸言酸語：「明顯是個騙局竟會傻傻上當？」、「這些人都不看新聞？」

但你知道嗎？根據內政部警政署刑事警察局統計，台灣每年投資詐騙案件和受害金額不斷創新高。很多受害者並非想像中低學歷、沒經驗者，而是收入好、高學歷，甚至有投資經驗的專業人士。

為什麼他們也會被騙？原因很簡單：騙子已經進化了。

投資詐騙早就不是過去那種粗糙、隨便發個簡訊或 Email 就能騙到錢的手法。現在的詐騙集團不僅更專業，還精通心理學與人性，他們懂得包裝「騙局」，甚至連專業人士都難以辨別真假。

不要以為：「我很聰明，這種騙局騙不了我！」事實上許多受害者，一開始也都這麼認為。

**愈是認為不會被騙，往往愈容易被騙**

接下來，我將帶你看清詐騙集團常用的三大詐騙手法，看透他們究竟如何佈下陷阱，藉以打造「防騙體質」。

## Chapter 08 如何防詐騙

### 手法一：號稱投資零風險、高獲利

投資市場的規則其實很簡單：

- ✓ 低報酬＝低風險（如銀行定存每年1～2%利息）。
- ✓ 高報酬＝高風險（如股票、期貨、選擇權、加密貨幣）。

絕對不存在能同時兼顧高報酬又零風險的投資商品。因為如果真有這麼棒的東西，那麼銀行、政府、華爾街的專業投資機構早就把資金全砸進去，哪還輪得到我和你？或許有些人會想：「『槓鈴策略』不也號稱低風險、高報酬？」

這裡，我要特別解釋一下（見表8-1）：

**表8-1　槓鈴策略VS.詐騙話術**

|  | 槓鈴策略 | 詐騙話術 |
|---|---|---|
| 低風險來源 | 90%資產防守，降低風險（定存、低波高息ETF、金融股） | 單一產品<br>口頭保證「零風險」 |
| 高投報來源 | 10%資產進攻，拉高投報率（期貨、選擇權、加密貨幣合約） | 單一標的<br>口頭保證「高報酬」 |
| 本質 | 整體風險可控，追求穩健獲利 | 刻意隱藏風險<br>騙你All In |

「槓鈴策略」之所以低風險，是靠資產配置達成，而非單一投資工具本身。但多數人無法區分真假，於是把所有資金投入，然後，就再也回不來了。簡單舉例：

- ✓ 「槓鈴策略」：將100萬元本金中的90萬元放入美國直債做為「防守型資產」，10萬元投資股票期貨做為進「攻型資產」，即使進攻的10萬元全數歸零，整體資金仍然安全。
- ✓ 詐騙套路：要你拿出全部本金投資單一號稱「無風險、高報酬」商品，結果本金全賠。

所以下次聽到類似粗糙的騙術時，要馬上警覺這就是場騙局。

## 手法二：假冒政府、名人、專家騙取信任

你一定聽過以下話術：「我們是金管會，發現你的帳戶有問題需立刻驗證，否則會被凍結。」、「我是健保局員工，你的帳戶異常要立即配合處理。」、「我們是檢警單位，懷疑你涉嫌洗錢必須立即匯款配合調查，否則將凍結帳戶。」

這些詐騙手法都會形塑緊急的情境與嚇唬人的話術，讓你緊張到無法理性判斷，匆忙把錢匯出去。但其實政府單位或金融機構根本不可能用電話、簡訊、LINE或Telegram要你立即匯錢或派車手來取現金。一旦碰到這種狀況，100%就是詐騙。

此外，詐騙集團也常冒充知名企業家、理財達人甚至財經網紅，讓你以為得到獨家內線投資消息：「我是某某財經專家，最近

# Chapter 08 如何防詐騙

成立LINE投資群組分享內線消息」、「我是某某企業家，創辦私人Telegram社群每月提供內線消息，保證獲利」。

當你好奇加入，他們還會安排所謂的「助理」接洽，引誘你一步一步投入資金。更可怕的是這些假冒的帳號或群組做得非常真實，甚至盜用該名人頭像、影片，甚至用AI做假影片，讓你分辨不出真假。

要知道，真正的名人或專家，絕不會隨意透過私人群組、助理私下聯絡你，因為這種行為是違法的，他們不會冒這種風險，也沒必要透過這種方式接觸你。

## 手法三：加入樁腳假造獲利

詐騙集團已經不只會用簡單、漂亮話術或專家名義詐騙，他們還會設計完整的「假投資體驗」搭配「樁腳群」誘使你投入資金。

什麼是「樁腳群」？簡單來說，詐騙集團會在社群媒體成立投資交流群，如「飆股群」、「內線投資群」或「專家帶盤群組」等，宣稱這是內部資訊群，只有特定人士才能加入。裡面會定期提供「獨家內線消息」或「最新投資標的」，讓群組裡人都能輕鬆賺錢。

當你進入這個群組後，就會發現裡面的氣氛異常熱絡，每天都有很多人主動分享自己的成功投資的經驗：「上次老師給的內線標的，才買2天就賺了快20％！」「跟著這個投資方案3個月內已經賺了好幾十萬！」「投資不到一個月就翻倍，太幸運了！」

這些群友不只會「說」，還會貼出對帳單讓你親眼「見證」他們的獲利金額。接著，就會出現所謂的「資深會員」或「助理」主動私

訊你：「可以先用小額資金試試，沒風險。」「反正幾千塊錢而已，當作試水溫了解一下！」甚至有些還會免費送你投資體驗金。神奇的是，你的第一次投資竟然賺到錢了！

這一刻起，你的內心防備瞬間被擊潰，開始相信所謂的獲利經驗都是真的，甚至懷疑自己是不是太過謹慎，於是下一次便放膽投入更的多錢，甚至拉身邊親友一起加入。

但真相是，這些群組根本就是場精心設計的騙局：

- ✓ 當中所謂的成功者，有一半以上都是樁腳，也就是詐騙集團的內部人員假扮或是外購的假帳號。他們會透過互動營造出熱絡且成功的假象，讓你誤以為大家都賺到錢。
- ✓ 那些獲利對帳單多半是假的，甚至有專門的造假軟體能輕易做出獲利截圖。
- ✓ 你第一次小額獲利，往往是詐騙集團故意營造的甜頭，目的是降低警戒心，誘使你放心加碼投資，等著被收割。

許多人就是這樣一步步深陷其中，最終把辛苦積蓄全部投入，直到平台或群組突然人間蒸發，才恍然大悟自己徹底受騙。

## 簡單步驟分辨是否遇詐

詐騙的核心技巧，就是包裝並製造信任感，只要能主動做到以下3步驟，就能避免多數詐騙陷阱：

- ✓ 主動查證：不論對方看起來有多專業或多真實，一律主動到金管會、警政署的反詐騙網站查詢其公司或平台名稱是否就是詐騙一員。
- ✓ 絕對不要立刻匯款或投資：投資不該急著決定，真正的好機會不會突然消失，更不會要求你馬上匯款，凡是催促你快速投錢的請一律提高警覺。
- ✓ 主動撥打「165反詐騙」專線確認：如果有所懷疑，趕快撥打「165反詐騙」專線尋求協助，就會明確知道平台或訊息是否有問題。

記住上述3原則，就能有效避開95%的詐騙陷阱。

## 02 破解盲點遠離詐騙

你可能曾經心想:「那些會被詐騙的人一定是因為太貪心、太容易相信別人。」但真正會被騙走大錢的人,反而是些高學歷、高收入甚至非常聰明的人。像我就曾接觸幾位科技公司的高階主管、醫師或企業家,他們平常對於工作、投資都非常謹慎精明,一旦遇上詐騙一樣輕易上當,小則損失數十、數百萬元,多則上千萬元。

為什麼會這樣?因為人類大腦的運作方式,本來就存在一些特定的心理弱點與盲點,只要詐騙集團刻意操縱,即使是最聰明的人也可能掉入圈套。

接下來,我將具體點出常見三大心理盲點,並用真實案例分析,教你如何避免落入這些陷阱。

### 盲點一:人性本貪

貪心是負面詞彙嗎?或許很多人這樣認為,但誰不希望賺更多的錢、提早財務自由、渴望更好生活?其關鍵在於:

*你的貪心是否與實力匹配*

何謂貪得有實力？如果今天有人告訴你：「我這個投資方案一年就能翻倍，幾乎沒風險。」或許你感到興奮，但更應該先冷靜下來問自己：「我真的有能力辨別這個投資方案的真偽嗎？」「我真的理解這個投資工具的運作方式、獲利邏輯，以及潛在風險嗎？」「如果平台倒閉、人也跑了，我的錢該如何拿回？」「我有查證過這個投資平台的地址、統一編號、資本額、公司成立時間，以及是否取得政府或金管會核准的相關金融證照？」

如果上述這些問題，有任何一個答案是「不確定」或「不清楚」，那麼就應該提高警覺停止投資行動，因為你還沒有足夠的能力去判斷這筆投資的真偽。真正的投資高手，從來不是因為他們敢衝、敢冒險，而是因為懂得控制風險，更知道如何辨別真偽。

記得有位在半導體產業擔任高階經理人的學員，收入每年超過新台幣500萬元。他非常渴望透過投資快速增長財富，提早退休。正因他有強烈的企圖心，所以特別容易受到詐騙吸引。

有次，他透過朋友介紹參加一個私募投資聚會，對方聲稱投資商品每年保證至少20%以上的獲利，本金還有第三方擔保，絕對安全。他當時非常心動，卻沒有辨別真假的能力，也沒有做任何查證，單純認為：「朋友推薦的，應該可以信任。」結果便匆忙投入200萬元，最後損失慘重，投資平台和公司也人去樓空。

這個真實案例告訴我們一個重要的道理：貪念本身不是錯誤，但要有能力去支持。換句話說：

- ✓ 如果希望賺年化20%的高報酬，必須有鑑別產品真偽與風險的能力。

- ✓ 如果想靠槓桿投資快速翻倍，必須懂得控制風險保護本金。
- ✓ 如果想獲取超過一般市場水準的利潤，更應徹底了解所投資的項目與背後的邏輯與風險。

總結來說貪心沒問題，但要確認自己擁有與之相匹配的實力與能力，否則就會淪為騙子眼中的肥羊。

> *貪是人性，但要貪得有實力*
> *沒實力的貪心容易被騙子利用*

## 盲點二：愈怕錯過愈容易被騙

你是否曾經有過這樣的經驗：

- ✓ 明明理性告訴自己：「這個投資感覺有點怪。」但看到身邊的人都在賺錢，就會忍不住想：「如果不投資是不是會錯過賺錢機會？」
- ✓ 明明知道自己不熟悉某投資標的，但看到社群媒體上熱烈討論、滿滿的獲利截圖，心裡開始焦慮：「如果這次沒跟上，那我豈不是賺不到？」

這種心理，就是行為經濟學的 FOMO。簡單來說，就是當我們看到別人正在享受某種機會或福利時，內心就會焦慮自己可能錯失同樣機會，進而做出一些非理性決定。這種心理現象幾乎是投資詐騙最愛利用的心理弱點。尤其資訊傳播快速的現今，社群媒體每天充斥各種炫耀式獲利訊息，當你不斷被這些訊息轟炸，就算原本不想投資，也會忍不住想：「難道全世界只有我一個人沒賺到？」這種心態一旦出現就會非常危險，因為你已經失去了冷靜的判斷。

## 盲點三：羊群效應

你一定有過這種經驗：走在路上突然看見一間餐廳門口排滿人龍，即使不餓，也可能好奇想排隊吃吃看，投資也是一樣道理。當你發現身邊的人紛紛投入某項投資，就會心想：「大家都投資了，應該不會錯吧？」這種「從眾心理」也就是「羊群效應」，正是詐騙集團常用的心理陷阱。

人多的地方不一定安全，群眾的決定也未必正確，尤其當大部分群眾都是騙子，都是刻意、精心安排的演員時，你更應該提高警覺，明辨真偽。

## 03 防騙3步驟，打造投資防護網

看到這裡，相信你已清楚了解投資詐騙的常見套路，也掌握了3種容易被詐騙集團利用的人性弱點。現在你可能會問：「到底要怎麼做才能有效防止自己成為下一個受害者？」

### 防詐步驟一：快速查證核實

詐騙集團最怕你主動查證他們的真實身分。不管對方透過什麼方式聯絡你，只要做到以下3動作，就能快速判斷對方是否為詐騙：

- ✓ 查詢公司真實性：上網查詢公司名稱、統一編號、登記地址、成立時間與資本額，並確認對方的投資方案，因為詐騙集團可能冒用他人公司（常見）。
- ✓ 確認是否獲主管機關核准：如果對方聲稱產品是合法金融商品，那就一定會有金管會或相關機關核准的金融證照號碼。你只需要打電話到「165反詐騙」專線詢問，10分鐘內就能清楚知道答案。
- ✓ 現場要求提供合法文件佐證：如果在投資講座現場，你可以要求業務人員或主辦方提供公司登記資料、金管會核准函或相關

合約內容。正規且合法公司一定會隨時備有這些文件，且願意提供，反之若對方說明不清或拒絕提供，那幾乎可以肯定是碰到了詐騙。

光是步驟一，就能幫你避開市場上超過7成的詐騙陷阱。千萬記住：真正的投資機會，永遠禁得起主動查證與檢視。一旦對方無法提供明確證據，就要提高警覺，避免掉入陷阱。

## 防詐步驟二：判斷獲利邏輯是否合理

確認對方身分後，下一步就是檢視這個投資產品的「獲利邏輯」是否合理且真實。很多人之所以被騙，就是因為沒有深入理解產品真正的賺錢方式。

我有個學員，是一位新竹科學園區的資深工程師，收入好也有投資經驗，但前陣子卻差點因為忽略「獲利邏輯」，掉入一個精心設計的騙局。

某天，他興奮地打電話告訴我：「老師，我剛參加一個聚會，他們說有一項投資能每個月穩定拿回8％利息，年投報率96％，而且保證沒風險。我覺得怪怪的，你怎麼看？」

我一聽就知道問題很大：「他們怎麼賺到這麼高的收益？」學員回答：「說是投資海外房地產，靠穩定租金收益給投資人利息。」我立刻追問：「房產在哪個國家、哪個區域，地址呢？你看過房產證、租約或稅務紀錄了嗎？」學員這才發現自己根本沒搞清楚細節，對方

也沒有提供任何證明,只是一再強調高收益、低風險低。

我提醒他:「如果真有這麼高報酬的房地產,這些文件一定都有,租金也不可能高到如此不合理。」於是學員隔天要求提供這些證明文件,果然對方態度立刻丕變,不是推託,就是再也聯絡不上。

這個故事告訴我們:真正合理、合法的投資,一定能清楚告訴你錢是怎麼賺的,並提供詳細的證明文件。所以下次遇到任何投資機會,務必問自己:

- ✓ 投資獲利邏輯合不合理?
- ✓ 能不能清楚說明錢投去哪裡?
- ✓ 是否提供合法且真實的證明文件?

只要其中一項得不到回答,就該提高警覺,因為就幾乎能確定是場騙局。記住,真正值得投資的機會,永遠禁得起最嚴格的檢驗。

## 防詐步驟三:確認資金流向透明

詐騙成功的關鍵,就是「你根本不知道錢去哪兒」。一旦資金交出去,如同家裡鑰匙交給別人,完全失去掌控權。

我的學員Eric,是位外商科技公司高階主管,透過朋友他接觸一個號稱能靠「AI量化交易」穩定獲利的團隊,每月提供6%報酬,並保證本金安全。起初他有些懷疑,但對方展示專業交易與精美運算畫面,讓他放下警戒。

# Chapter 08 如何防詐騙

就在Eric準備簽約匯款時,他突然想到我一直跟大家強調過:「想投資,要先清楚知道錢流去了哪。」於是他向對方追問資金流向、銀行託管帳戶與第三方監管細節。這時,對方態度變得含糊,僅表示資金會會直接進入公司系統操作,且交易細節不公開。這個回答讓Eric警報大作緊急喊停,並向我諮詢。

我只告訴他一個重點,那就是任何正規投資公司都會提供清楚的第三方託管機制和資金流向證明,否則極可能是詐騙。果然,當他窮追不捨詢問,對方便開始閃躲推託,Eric終於徹底明白,自己差點落入騙局。

不管投資工具有多專業、技術有多先進,「錢去哪裡」最重要,只要對方無法提供明確資金流向證明,就要立刻停止行動。

切記防詐3個關鍵步驟:

✓ 查證真實身分。

✓ 確認獲利邏輯是否合理。

✓ 驗證資金流向透明且安全。

多數投資詐騙之所以能得逞,就是因為受害者沒有系統性的防騙流程,只憑感覺就輕易投入資金。只要透過這套簡單卻有效的防騙SOP(Standard Operating Procedures,標準作業流程),就能從源頭保護資產。就算未來詐騙手法不斷翻新,只要落實這3個步驟,就能徹底避免財務損失,穩健安全地達成財務目標。

Chapter 09

# 築夢踏實，
# 踏上財務自由之路

恭喜你讀到這本書的最後一章！
這代表你的內心已經燃起想要改變的火苗，準備踏上一條值得期待的財務自由之路。
然而，真正的改變從來就不輕鬆，需要花上時間、耗費精力，更重要的，就是得大量且持續的行動。

## 01 該學都學了，為何仍無法財務自由？

多年教學經驗告訴我，即使學員擁有相同的投資技巧與資源，最終成果仍截然不同。事實上，那些成功達成財務自由的學員通常有兩個共同點：

- ✓ 他們採取大量且持續的行動，每天專注與財務目標相關的任務，而不是停留在空想階段。
- ✓ 他們願意快速嘗試、快速失敗、快速修正，再重新行動，不害怕犯錯，而是將失敗視為學習機會，不斷調整策略。

反之，那些未能實現財務自由的學員，又多是因為哪些原因而無法成功呢？

### 害怕失敗不敢行動

人性本就害怕未知與改變。即便已學會新的投資方法，但內心仍不免會想：「如果失敗了怎麼辦？」、「萬一虧錢怎麼辦？」這種害怕失敗的心理讓人不敢踏出第一步，只能一直處於觀望狀態。

事實上成功就像爬山，如果想登上頂峰，就要從山下開始往上爬，

且第一關就可能面臨失敗。只要這個失敗的風險是可控的，那你就必須勇敢嘗試錯誤、試圖修正，才能突圍邁向成功。

要知道，沒有人能完全避開失敗，所有成功人士都是從一次次的小挫折中不斷學習、調整，最終找到成功的方法。而想要避免失敗的最佳方式絕對不是逃避，而是透過「小步嘗試」累積經驗，學習掌握風險控制的技巧，不斷在錯誤中，找到適合自己的投資方式與策略。

## 幻想等到完美時機

許多人開始投資前，總想等待一個完美時機，「等我存到更多錢」、「等股市跌到最低點」、「等經濟更穩定些」、「等房價跌到最低點」，但事實上這些完美時機永遠不會來臨。

尤其每當你覺得完美時機終於來了，但市場又變了，且伴隨許多陌生的不確定性，只好繼續等待下一個完美時機。

其實，完美時機就是現在！即使大環境或市場條件並不完美，但都可以透過持續行動修正策略、調整腳步，一步步靠近財務自由的規畫。那些成功達成財務自由的人，並非因為他們抓住了完美時機，而是因為是從現在就開始行動，在行動的過程中，不斷調整與進步。

## 過度謹慎裹足不前

許多人學會投資策略後，卻因為過於謹慎而無法真正採取行動。

這種人通常會反覆思考各種可能性，採取過多的分析，結果什麼也沒做。當然，謹慎是好事，但過度謹慎反而會成為阻礙前進的絆腳石。

真正有效的方法，就是採取小規模行動、小資金測試，設定好明確停損點，透過多次的小幅投資熟悉市場，進而提升投資技能，而不是永遠停留在謹慎分析，卻不敢採取行動的階段。

以上這些心理障礙，都是阻礙財務自由的隱形殺手。然而，光知道問題是不夠的，真正能改變命運的，就是接下來的如何選擇與採取行動。

真正能讓你脫穎而出，徹底改變人生的，從來都不是知識，而是大量且持續的行動。所以，不必再等待完美時機或成熟的條件，而是從現在起拋開擔憂，踏出你的第一步，然後每天專注於具體行動，持續累積經驗、持續修正，才能持續向目標前進。

從今天起，誠實地問自己：

✓ 今天採取多少能幫助我達到財務自由的行動？
✓ 現在的行動量，真的足以實現財務目標嗎？

改變你的命運，從來不是明天的事，而是今天就必須開始的決定。馬上行動，就能馬上成功。

## 02 讓行動成為本能，提早財務自由

想要財務自由，光有方法還是不夠，更重要的是需要大量且持續的行動。然而多數人卻無法跨出第一步，或難以持續下去。

- ✓ 明知投資理財很重要，卻總是拖著不願行動？
- ✓ 明知要存錢、學習「財商」，卻總是三天打魚，兩天曬網？
- ✓ 總不解為何別人可以持續行動，自己卻老是半途而廢？

上述情況的真正原因，並非你缺乏意志力或不夠自律，而是沒有一套有效的「行動系統」。想持續行動，要建立合適的環境、系統與習慣，讓行動自然發生。接下來，我將提供3個簡單有效的技巧，幫你打造大量行動體質，跨出理財的第一步。

### 技巧一：從最簡單的開始

決定一件事做與不做，深受背後無形的阻力影響，像是害怕失敗、任務複雜、覺得麻煩……例如曾下定決心花時間學習投資，但回家卻滑手機追劇，什麼也沒做，最後安慰自己：「明天再開始。」

為什麼會這樣？因為一開始設定的行動太難、太複雜，導致大腦

本能抗拒，轉而選擇輕鬆的事情來逃避。因此，你需要做的就是降低行動門檻，讓自己輕鬆踏出第一步。例如每天只花15分鐘閱讀一篇簡單的理財文章或短影片，或花5分鐘快速檢視財務狀況。

當任務變得輕鬆、簡單，抗拒感就會自然降低，也就更容易展開行動。一旦開始行動，你就會持續下去，甚至愈做愈多。

暢銷書《原子習慣》所提到的「兩分鐘原則」非常有效，也就是當你面對一個困難任務時，告訴自己：「我只做兩分鐘就好。」

✓ 想學習投資時，告訴自己：「只看兩分鐘的投資文章。」
✓ 想研究投資標的時，告訴自己：「只研究兩分鐘就好。」

然後你會驚訝地發現，只要踏出這兩分鐘，往往就願意繼續做下去，最後變成大量行動的習慣。

## 技巧二：讓行動變成本能

許多人之所以無法持續行動，就是因為太過依賴意志力。但意志力就像肌肉，用久了會疲乏，最終導致放棄行動。所以真正有效的方法，就是建立固定的「行動儀式」，就像每天早上起床刷牙一樣，不需要特別的意志力推動就會做的一件事。

以我自己為例，每天早上我固定會花20分鐘做3件事：

✓ 5分鐘快速瀏覽全球財經大事。
✓ 5分鐘檢視投資表現或市場趨勢。

- ✓ 10分鐘規畫當天財務相關行動。

時間一到，就會自動開啟上述儀式，完全不用強逼自己，久而久之，行動自然成為生活中的一部分。不妨為自己設計類似的儀式：

- ✓ 每天晚餐後花10分鐘閱讀理財文章。
- ✓ 每天睡前花10分鐘看「財商」書籍。
- ✓ 每週固定花半小時檢視財務狀況並調整策略。

當這些行動變成固定儀式，持續大量行動就會變成本能，甚至有時停不下來。

## 技巧三：刻意打造行動環境

環境對人的影響遠比想像中強大。心理學家發現，環境中的微小變化，都會明顯影響行動。若想持續大量行動，最有效的方式就是刻意打造一個利於行動的環境。例如想養成記帳習慣：

- ✓ 把記帳App設定在手機主畫面，提醒自己隨時記帳。
- ✓ 在電腦桌或家中明顯位置貼上記帳提醒標語。

這些看似細微的改變，都能顯著提高行動意願。不過，能讓自己更強大行動的方式，就是設法讓生活周遭充滿積極行動的人：

- ✓ 加入投資理財社群，與志同道合的人交流經驗。

- ✓ 定期參與有共同目標的聚會，分享行動進度、互相督促。
- ✓ 主動找一、兩個行動力強的夥伴定期交流，建立正向互動。

　　我自己的經驗也是如此。剛學投資時，身邊朋友都是上班族，談的都是存錢、薪水，讓我感到孤單甚至懷疑自己。後來我主動尋找同樣積極學習投資的夥伴，成立了理財社團，舉辦讀書會實戰交流，社團成員最終超過100人。於是當我怠惰時，看到夥伴都在行動，就會重新振作，持續行動的動力也因此大幅提升。

　　透過有意識地經營自己生活周遭的環境氛圍，能快速建立持續行動的習慣，並獲得強大的支持與鼓勵。我想再次強調，大量行動靠的不是一時熱情或意志力，而是透過刻意設計的環境降低行動門檻，讓行動成為本能。

　　現在，你只需要做一件簡單的事，那就是從今天開始，給自己設定一個簡單的任務，並告訴自己：「我只做兩分鐘就好！」

　　不論是記帳、學習投資、培養好習慣，只要每天從「兩分鐘」這麼簡單的行動做起，你就會驚訝地發現，持續行動原來如此輕鬆自然。

　　現在，輪到你了。立刻採取行動，從最輕鬆的方式開始，打造屬於自己的大量「行動體質」，一步一步靠近財務自由吧！

## 03 回到初心，過真正想要的人生

轉眼間，已經來到本書的最後一個章節！還記得第一次翻開書時的心情嗎？那時的你，可能正面臨人生困境，充滿焦慮與不安，每天重複工作與付帳單，卻看不到未來。或許心裡隱約知道人生不該只是這樣，渴望擺脫經濟束縛、擁有更自由的選擇，甚至陪伴家人、做喜歡的事，過自己真正想要的生活。

我相信，當你拿起這本書時，內心曾強烈地告訴自己：「我一定要改變！」正是這個初心，帶你踏上財務自由的旅程。

而今，你已經學會用「4帳戶理財法」打造屬於你的財務系統：

- ✓ 保命帳戶：建構人生安全防護網，即使遇到危機也能從容不迫。
- ✓ 學習帳戶：持續提升投資能力，突破收入限制，為人生創造無限可能。
- ✓ 保值帳戶：穩健提供被動現金流，讓你能安心無虞地享受生活。
- ✓ 高投報帳戶：邁向財務自由的加速器，幫助你一步步靠近財富自由夢想。

這4個帳戶並非只是空洞理論，而是真實有效的方法，已幫助無數人成功建立財務基礎。然而，最好的策略也需要堅持執行，才能看出效果。

## 回到自己的初心

每當你感到疲累或迷惘，請回想當初那些最純粹的想望：
- ✓ 想無憂無慮和家人共享美好時光，不再受金錢束縛。
- ✓ 想擺脫經濟壓力，自由選擇真正熱愛的工作與生活方式。
- ✓ 想成為家人、朋友需要時能毫不猶豫支持他們的人。

這些願望看似平凡，卻最真實珍貴，也是你踏出第一步的初衷。現在，請你認真思考以下3個問題，並誠實回答自己：
- ✓ 如果現在放棄改變，3年、5年後，生活會是什麼樣子？
- ✓ 如果堅持下去達到財務自由，人生又會有什麼不同？
- ✓ 當初決定踏出第一步的理由，今天對我來說還重要嗎？

把答案寫下來，放在每天都看得到的地方，不斷督促自己前進。人生最可怕的不是挫折失敗，而是在現實壓力下逐漸忘了最初想改變的自己。唯有牢記初心，才能在財務自由的道路上堅持，實現理想的生活。

閉上雙眼，清晰想像當你實現財務自由那一天會是什麼樣貌：
- ✓ 清晨不再被鬧鐘吵醒，而是內心充滿平靜與輕鬆。
- ✓ 和最愛的家人優閒享受早餐，不再有急迫的壓力。
- ✓ 能自由安排一整天，重拾熱愛卻曾經放棄的興趣。
- ✓ 生活品質、與家人的關係都將徹底提升與改變。

你會發現，財務自由絕非只是銀行帳戶上的數字多寡，而是你終

於擁有了選擇的自由，過上自己想要的生活。

當未來的畫面愈清晰，內心的動力也會愈強烈。縱然未來的道路上仍舊有無數挑戰等著你，但今天每一步的前進，都是在為未來更好的自己做準備。

最後，我要告訴你，財務自由不是終點，而是精彩人生的起點。請帶著最初試圖改變的初心，堅定地往前走下去。5年、10年後，當你真正過上夢想生活的那一天，你一定會深深感謝當初那個勇敢踏出改變第一步的自己。

記住此刻的決心，將這本書放在每天看得見的地方，提醒自己：「我已經踏出最關鍵的一步，現在的我，只需要堅持下去。」

帶著初心，踏上屬於自己的財務自由之路吧！我相信，你絕對可以做到。

**不是等你很厲害才開始，而是你要先開始，才會變得很厲害。**

獻給每一位願意相信自己，選擇踏上財務自由之路的人。

2025年7月

理財館 FM10007

## 4帳戶教你逆襲致富
### 從負債到資產千萬的系統理財法

| | |
|---|---|
| 作　　者 | 陳大仁 |
| 總 編 輯 | 蔣榮玉 |
| 特約編輯 | Anita Lui |
| 校　　對 | 蕭明珠 |
| 封面設計 | FE 設計 |
| 內文排版 | 簡單瑛設 |
| 人物插圖 | 作者提供 |
| | |
| 企畫副理 | 朱安棋 |
| 行銷專員 | 江品潔 |
| 業務專員 | 孫唯瑄 |
| 印　　務 | 詹夏深 |
| | |
| 出 版 者 | 今周刊出版社股份有限公司 |
| 發 行 人 | 梁永煌 |
| 地　　址 | 台北市中山區南京東路一段96號8樓 |
| 電　　話 | 886-2-2581-6196 |
| 傳　　真 | 886-2-2531-6438 |
| 讀者專線 | 886-2-2581-6196 轉1 |
| 劃撥帳號 | 19865054 |
| 戶　　名 | 今周刊出版社股份有限公司 |
| 網　　址 | http://www.businesstoday.com.tw |
| | |
| 總 經 銷 | 大和書報股份有限公司 |
| 製版印刷 | 緯峰印刷股份有限公司 |
| 初版一刷 | 2025年7月 |
| 初版三刷 | 2025年9月 |
| 定　　價 | 400元 |

國家圖書館出版品預行編目(CIP)資料

4帳戶教你逆襲致富：從負債到資產千萬的系統理財法 / 陳大仁著. -- 初版. -- 臺北市：今周刊出版社股份有限公司, 2025.07
　面；　公分. -- (理財館；FM10007)
ISBN 978-626-7589-49-6(平裝)

1.CST: 個人理財 2.CST: 投資

563　　　114008603

版權所有，翻印必究 Printed in Taiwan